歐風室內設計學習百科

歐風室內設計學習百科

想讓家中充滿浪漫迷人的異國情調嗎？
不用花大錢就能擁有皮革紋理擺飾、
新古典主義復古情調房間、巴洛克華麗鍍金裝潢，
甚至英國都鐸王朝皇家風情也能親手打造？

麥克勞德　著
（Kevin McCloud）

克羅克特　攝影
（Michael Crockett）

貓頭鷹

A DORLING KINDERSLEY BOOK
www.dk.com

新生活圖鑑17：歐風室內設計學習百科

作者　麥克勞德
翻譯　陳系貞
出版　貓頭鷹出版
發行人　蘇拾平
發行　英屬蓋曼群島商家庭傳媒股份有限公司城邦分公司
104台北市民生東路二段141號2樓
讀者服務專線　0800-020-299／24小時傳真服務　(02)2517-0999
劃撥帳號　19833503
英屬蓋曼群島商家庭傳媒股份有限公司城邦分公司
香港發行所　城邦（香港）出版集團
電話　852-2508 6231／傳眞　852-2578 9337
馬新發行所　城邦（馬新）出版集團
電話　603-9056 3833／傳眞　603-9056 2833
印製　成陽彩色製版印刷股份有限公司
初版　2004年12月
定價　新臺幣480元
ISBN　986-7415-21-3

總編輯　謝宜英
責任編輯　吳雅芳
編輯協力　張曉蕊
文字校對　魏秋綢
美術編輯　謝宜欣
封面設計　林敏煌
行銷企畫　夏瑩芳　林筑琳　柯若竹

貓頭鷹知識網　www.owl.com.tw（歡迎上網訂購）
讀者服務信箱　owl_service@cite.com.tw
大量團購請洽專線　(02)2356-0933轉282

目次

工具、材料與裝潢參考資料

工具

材料

裝潢參考資料

重點式裝潢

畫龍點睛式的裝潢藝術早被遺忘，取而代之的是使人眼花撩亂的圖案花樣。藉由牆面的重點式裝飾（在這個例子中，我運用的是黏貼式的帶狀雕刻裝飾），可以使房間結構和顏色相互融合，創造出絢麗的焦點，讓平凡的房間變得與眾不同。

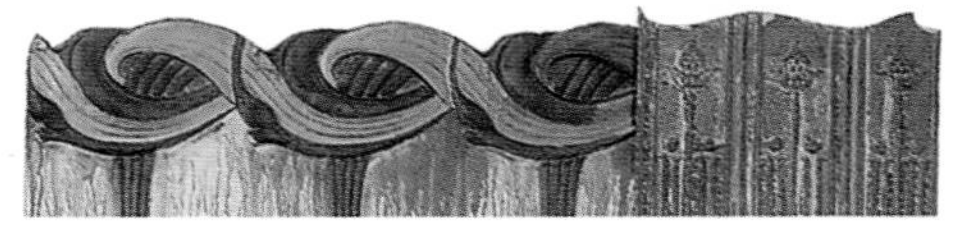

緒論

裝潢可說是個表面工夫，因為一般只能維持幾年，而且對生活來說不是必需品。不過裝潢卻能帶來極大的樂趣，所以，何不像享受美食一樣，學習享受漂亮的裝潢設計呢？

裝潢上所呈現出的現代品味，是由對於好的設計的新認知、在處理富麗和繁複外觀裝潢時的新自信，以及對變化多端材料所持有的濃厚興趣所組成的。單就織物這項材料來看，包括中世紀就有的花緞複製品，以及18世紀織錦到維多利亞工藝圖案和民族織物。另外如家具、裝飾配件也都有不同種類。

利用油漆和木鑄品這類簡單的材料來改變房間，大致上花費不高又耗時不多，因為只是作些表面工夫。

添置裝飾用物件是使裝潢更加豐富的祕訣。

雖然書中的裝潢技巧比基本的裝潢需要更多時間，但精巧的成果會讓你覺得多花時間是值得的。另一個使用油漆和可黏性物件的樂趣在於一切皆可更改，也就是說你可以隨時「拆下」並修改設計，或在幾年後徹底改變。裝潢史是模仿與沿用堆積而成。數百年來，裝潢家矇騙視覺，用塗料模仿如大理石這類的昂貴材料，或用剪紙圖案仿造細緻的手繪畫作。

仰賴特殊效果和便宜材料傳達時代感或空間感的裝潢，純粹是集模仿大成於一身的裝潢，但這是值得慶賀的事，因爲裝潢原本就該是件有趣的事！

經濟效益

只要幾個簡單步驟和最基本的材料，就可製造氣氛並表現創意，其經濟效益遠超過所花費的時間。

耀眼配件

只需要細心選購一、兩個能反應時代感或空間的物件，就能鞏固你的裝潢巧思。這些「優良標記」物，應該放在明顯位置。你可以選用立體配件或甚至是影印物件等。

何不將大理石花樣的包裝紙做成雕帶？

我的裝潢觀念較貼近維多利亞時代的設計家兼作家莫里斯（William Morris），他認爲好的裝潢要能讓人感受到強烈的想像力，不但要大多數人都做得到，而且還應該是不太麻煩又有樂趣的事。裝潢時，你大可異想天開、天馬行空。每次走進一間房間所產生的愉悅感，可能是因爲滿意或房間傳達了某種你最喜歡的時代氣氛，又或者因爲房間既豔麗又誇張（如果是餐廳或招待客人的起居室，有何不可？）

當然這類裝潢確實暴露了你在鑑賞力上的弱點，但這不重要，因爲裝潢和建築不同，它不是公開的，反而是極私人的，所以就照自己喜歡的意思裝潢，別管外人喜不喜歡。希望這本書能教你，如何利用裝潢原理，以技巧爲盔甲，加上特殊祕訣，讓你能自信地表現自己的創意。

不同時代都愛用的圖案和花樣。

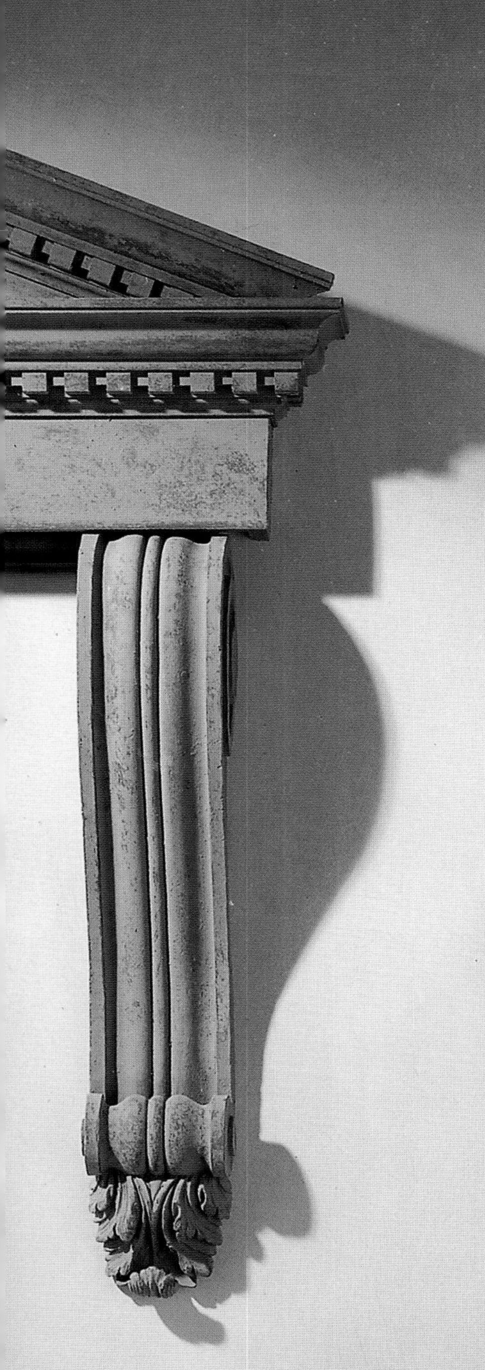

利用塗料

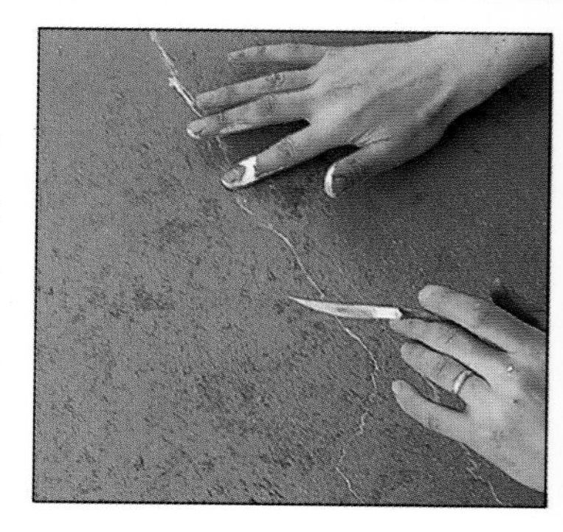

不同的粉刷方法加上偶爾利用特殊工具，可把枯燥牆面粉刷出驚人效果，房間將如魔法般不可思議的改變：牆壁可刷成老舊的赤陶色、塑膠配件弄成褪色的金黃色、重量很輕的樹脂則可粉刷成看來很重的古老石頭。這個靠著粉刷產生的灰石鑄物，參考16世紀義大利人最愛的摩登燈座形式，再貼上舊的佛羅倫斯鑲圖，玄關的裝潢就完成了。

構思

每個房間的狀況都不同，所以都會有屬於並適合自己的裝潢構思。每個房間光線的優劣，可能會因爲天花板高度、窗戶多寡而有不同。因此有些房間裡的家具，放在其他任何地方可能都會不太適合。

所有這些限制因素都會成爲構思時的起點。在技巧的部分，你會看到或小或大的家具，被凌亂或稀疏的擺設在房間裡，不過每個擺設卻都傳達出強烈的視覺效果，有時它們是要把問題遮掩起來，有時則是成爲一個無可取代的優點。

從頭開始

為了讓未來的裝潢工作進行得更容易，先幫房間拍張拍立得相片會是很有用的，它可讓你在蒐集剪報相關靈感時有所參考。彩色相片可以讓你更客觀地觀察問題，再加上一支揮發性墨水筆，就能讓你在真的開始動工前，把對這間房間的更動部分直接標示在相片上。

為房間變臉

我爲一棟19世紀末期的房子，設計了一間全新的起居室，下面的拍立得相片是房間的原貌，而從右頁右下角的圖片中，你可以看到帶有該時代工藝風味的新設計，至於靈感則是將本頁某些材料加以運用的結果。

蒐集資料

可以為一個裝潢計畫找尋靈感的來源很多，包括雜誌、書籍、畫作，甚至是陶器上的圖案等。你可以翻翻舊書，蒐集喜歡的圖案和顏色，但永遠要記得你的房間大小和房子的年代。當然你也可以蒐集喜愛的任何一項物件，不論你喜歡的是它們的顏色還是樣式，並同時蒐集色卡、紙樣、布樣和地板等物品。你的蒐集品越多，房間的定位就會越清晰。

裝潢前的拍立得相片

雜誌剪報

油漆色卡

具時代性花樣和顏色的織物

刺激靈感的物件、地板和牆面覆蓋物

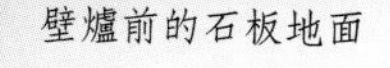

壁爐前的石板地面

壁爐花紋

壁紙樣品

粉刷好的鑲板

搭配壁紙的色卡

鑲石灰地板樣品

最後的想法

搜尋靈感的同時，你也應該開始想想，當把所有部分整合後，房間將會呈現出的樣貌。想想當把所有顏色放在一起時，會有怎麼樣的效果。要考慮使用自然表面的材料，如灰泥和木頭，或是使用光面材料，如刨光木頭和大理石。當然你可能會想要有「溫暖」的粉刷效果，那就可以考慮讓材料帶點古色古香的感覺。所有東西都準備好以後，你最好能在動工前，先做個完成品的樣品。

下圖的房間裡，我將19世紀以淡彩粉刷木頭的高鑲板工藝與壁紙結合在一起，呈現出一個有光線折射感色澤的優雅房間，房中自然的木頭質地營造出舒適的居家感覺。

歷史性顏色

當你作裝潢計畫時，也許會想採用某個具時代性的顏色。市面上有一些公司生產「具歷史性」色彩的特殊塗料，但這些塗料的顏色不一定十分精確。製造商的調色，是藉由分析剝落的油漆屑片而來，但這樣的分析結果有可能是錯誤的，因爲色素會隨時間而改變。直到本世紀以前，油漆工匠們一直沒有一致的顏色調配標準公式，加上顏色的色調會因區域材料的不同而有不同，所以，想調出心中理想顏色的精準色調，幾乎是不可能的事。比較好的方法是選擇近似某時代代表色的顏色就好，這是我在選擇塗料時常用的方法。本頁附有一些歷史性顏色的資料（剪報、翻新布料和壁紙），以及與其顏色相近的現代塗料樣品。

淡色新古典主義

新古典主義風行於18世紀中葉的英國，當時的發起者為名建築師亞當(Robert Adam)，因此他所喜歡的顏色也跟著大受歡迎。這類風格的色調柔和，通常與白色對應，其細膩的顏色從明朗到黯淡的綠色、紅紫色，甚至優雅細膩的粉色組合都有。可以查閱建築書籍，了解更多亞當的色彩搭配想法。

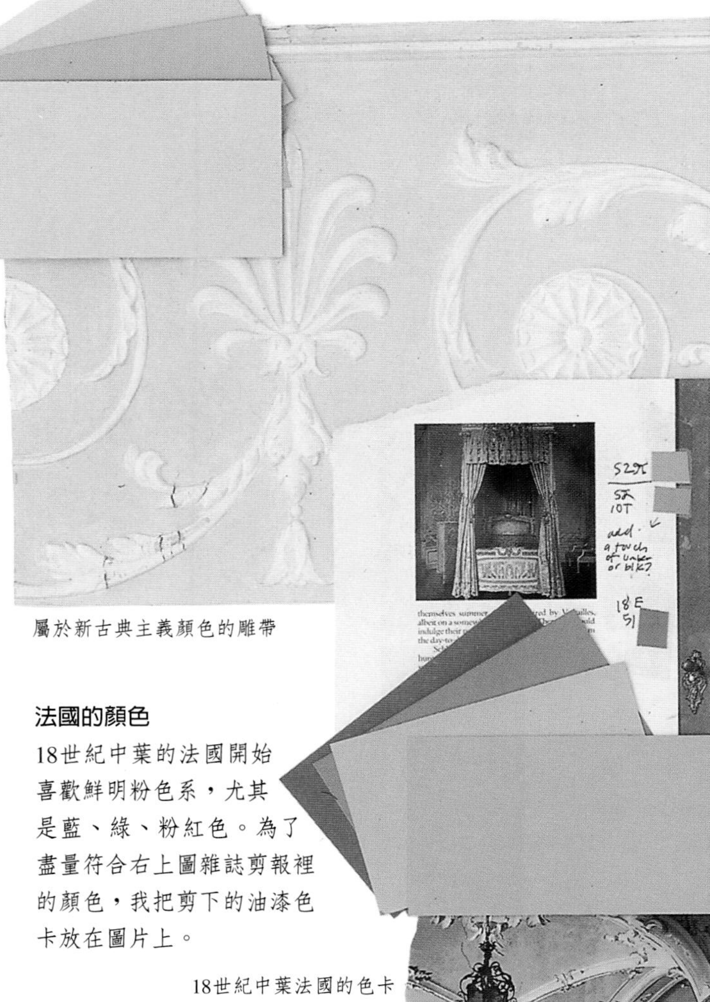

18世紀英國新古典主義色彩

屬於新古典主義顏色的雕帶

18世紀中葉法國的色卡

19世紀初的顏色品味

從19世紀初的法國和英國水彩畫可看出，當時人們喜愛強烈、明亮，甚至不夠細膩的色彩。拿破崙引進埃及的酸黃色和濃土色，馬上受到法國皇室採用。然而，深粉紅色和淡紫色早在一百年前就已傳入，和翠綠色一起被用於英國攝政時期的臂章顏色。

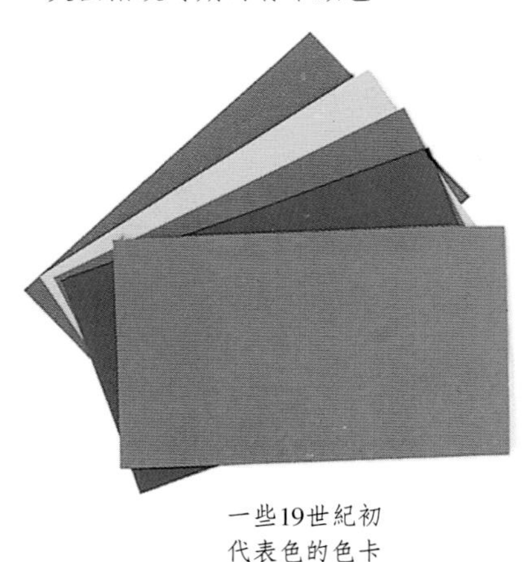

一些19世紀初代表色的色卡

法國的顏色

18世紀中葉的法國開始喜歡鮮明粉色系，尤其是藍、綠、粉紅色。為了盡量符合右上圖雜誌剪報裡的顏色，我把剪下的油漆色卡放在圖片上。

來自織物的顏色

不論是因隔絕光線被完善保存下來的早期織物，還是重新製作花樣而得的織物，都算是精確的歷史顏色資料來源。右邊的布料是美國早期印花布的現代版，這種布料以黃褐色和亮麗的紅莓色著稱。

吻合印花布料顏色的色卡

18世紀壁畫風格房間的雜誌剪報

19世紀的壁紙

來自壁紙的顏色

上圖的19世紀早期歌德式壁紙，依舊是遵照設計者的細部構思製造而成，並提供了該時代色彩偏好的精確素描。

吻合壁紙的色卡

關於顏料

數百年來，藝術家使用的基本色彩未曾改變，同時也是裝潢師常使用的色料。所以，我也繼續使用這些以色粉和專用漆料如乳膠漆調配的古老色彩。

接近佛青色的藍色油彩色卡

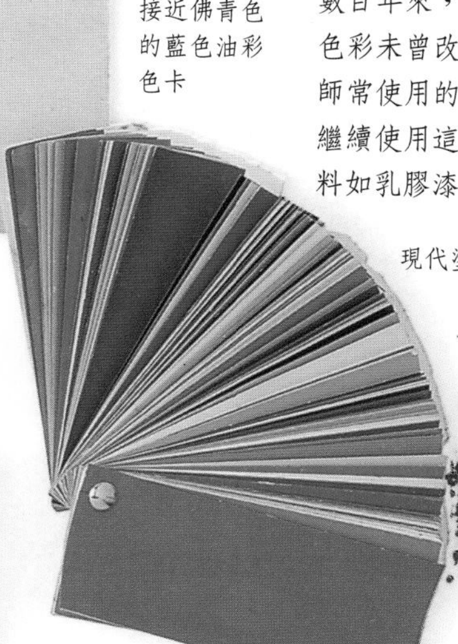

現代塗料的色卡

佛青色色粉

來自雜誌剪報的顏色

要調出和雜誌剪報一樣的顏色，可說是不可能的，但仔細調配，或許可調出能傳達時代精神的顏色。上圖的房間，是從雜誌上剪下來的，有正確的時代性顏色，而120頁左上圖的洛可可房間顏色，則是模仿剪報而得，剪報下附有油漆的樣本色卡。

洛可可裝飾風格樣板

佛青色美術油彩（一種古老用色）

牆面空間的區分

一旦裝潢構思已經成形：也許你想要的只是有點時代的氣氛，也許你要求的是符合時代風格的精確程度，又或者是一套完整的色彩計畫，就應該開始思考，要如何清楚規畫原有的牆面空間。

牆就像個空空的洞穴，可以根據想要的效果，而有不同的處理法。雖然牆是平面的，通常是以二度空間的方式處理，但是牆面裝潢的整體效果，通常會比地板或天花板的裝潢效果來得大。因爲整個房間和空間都是被牆所包圍，只要你能善用區塊、色彩和線條來處理牆面，就能改變整個房間所呈現出來的氣質。

傳統的作法，會將牆面水平分割爲如飛簷和護牆線等。這些區域可以利用和牆面互補或類似色的方法，分開或結合使用，以製造出不同的效果。護牆板是位於踢腳板和護牆線中間的部分，是可利用和較高牆面不同顏色、質地和花樣，以盡量表現的區域。

地板和天花板

構思如何裝潢牆面時，應一併考慮地板和天花板。地板的顏色可以搭配牆壁的顏色，產生互補或是加強效果，甚至也可以是完全不同的顏色，使其在整個設計裡自成一格。

同樣的，儘管天花板的顏色會影響屋中視覺高度和光線，但天花板設計也可以迥異於其他設計結構，獨自以「漂浮」的型態表現出來。

天花板的顏色效果

變亮效果　天花板沿用護牆板的亮黃色，可讓空間更為開展，天花板高度更高。像黃色這類能反光的顏色，是最安全的顏色。

變暗效果　藍色天花板與牆色搭配，既壓低黃色護牆板，也讓整個擺設感覺比較矮。不過，深色天花板只能用在色彩強烈的房間。

護牆板效果

水平面上的變化

這一部分的牆面取自50頁左上圖巴洛克式風格的房間。深色護牆板位在淺色地板的上方，整體效果是藉由綠色的細長狀區域，引領觀者的視線環顧房間，並帶出韻律感，接著再由飛簷高度的流蘇和帶子譜上音符般的韻律感。

規則的區分

烏木色的壁帶，清楚將牆面分割為紫醬色雕帶、中牆，以及貼有壁紙的護牆板。此處的遊戲規則是，位於牆面上方和底部的雕帶，與踢腳板互相抵消。所有部位的垂直關係，比起任何水平面上的變化更重要，由此所得到的氛圍是非常正式與公正的。

以顏色為依歸

在這19世紀的擺設中，高設的木製護牆板和木拼地板的顏色，結合出最主要的色調。陳設的下半部創造出和藹、安全和溫暖的環境。這樣的組合傳達出的沉靜與平和感，也可以在其他時代的設計中看到。

顏色的平衡

這裡我採用高度較高且顏色較淡的灰泥護牆板，帶有腐銹效果的護牆線壓在頂端，以「對抗」深藍色的牆面。如果護牆板的高度降低，看來會像被上面的藍色壓住，使得上半部牆面有如夜空的牆面。這個例子說明了如何利用護牆板的高度，讓房間的色彩達到平衡。

水平面上的變化

規則的區分

以顏色為依歸

顏色的平衡

結構特徵

具有時代性的壁帶可以讓牆面有整體感，並豐富房間的裝潢。如果家裡的飛簷、雕帶、護牆線或踢腳板有一部分毀損，木材行應該可以依照你指定的數量，做出壁帶的搭配物。

重新開始

如果家裡沒有任何有時代意義的東西，最簡單的就是，你只要購買市面上販售的壁帶就行，必要時，甚至可以把買來的材料組合成更複雜、具時代感的壁帶。這不僅比特別訂購更便宜，而且效果也一樣很好。在技巧篇中示範的所有房間，都是用一般木材行和水泥行裡買得到的材料和壁帶完成的。

傳統上，西方室內裝潢使用的壁帶花樣有限，不同的只有壁帶的尺寸和具時代花樣的組合。比較先進的廠商都會供應不同尺寸、富時代感的壁帶，因此你可以選擇適合房間的物件。本頁列有部分具代表性的壁帶圖示。

震教徒風格

美國的震教徒（編注：Shakers，因禮拜時作身體振動之舞而得名）對生活細節極其注意。他們裝潢房間的目的不是為了展示，而且每個裝潢細節都有來由。下圖是一位震教徒的房間，我仔細組合在市面上買到的壁帶，用來重新製作出從一個震教徒房間裡找到的壁帶。木栓板和護牆線都是用簡單的厚板做成，但是為了防止椅背刮傷壁面，我在護牆線上方加了一道雙彎鑲板。踢腳板是用前端圓滑的厚板做成。為了防塵，我在頂端再加上一道半圓形鑲條，下端則加一道四分圓鑲條，防止椅腳碰撞板面。

木栓板

護牆線

踢腳板

都鐸式裝潢

這間富有都鐸風格的房間裡，牆面的設計重點，在於質地像油漆的硬質鑲板和上過漆的雕帶，但是還應該加入更強的結構，以控制這些元素。我使用沒有時代限制的齒狀飛簷，並用簡單的鑲板壁帶來畫出矩形護牆板，另外再加上輪廓簡單的踢腳板。

齒狀飛簷與其剖面圖

簡單的鑲板壁帶與其剖面圖

踢腳板與其剖面圖

新古典主義風格

亞當的建築設計，結合了壁帶的運用與豐富的裝飾和色彩，有著少見的細膩感。他的室內裝潢使用各類不同的材料，如合成物、纖維質灰泥、上過漆的木頭，以及混凝紙。類似的是，我設計的這個房間，也是利用不同壁帶組合而成的。雕帶是運用19世紀發明的油氈紙，在其下方則是塗了漆的塑膠木條。有灰泥製成的護牆線，由厚木板做成的踢腳板，而踢腳板上方，則是由機器切割成的壁帶。

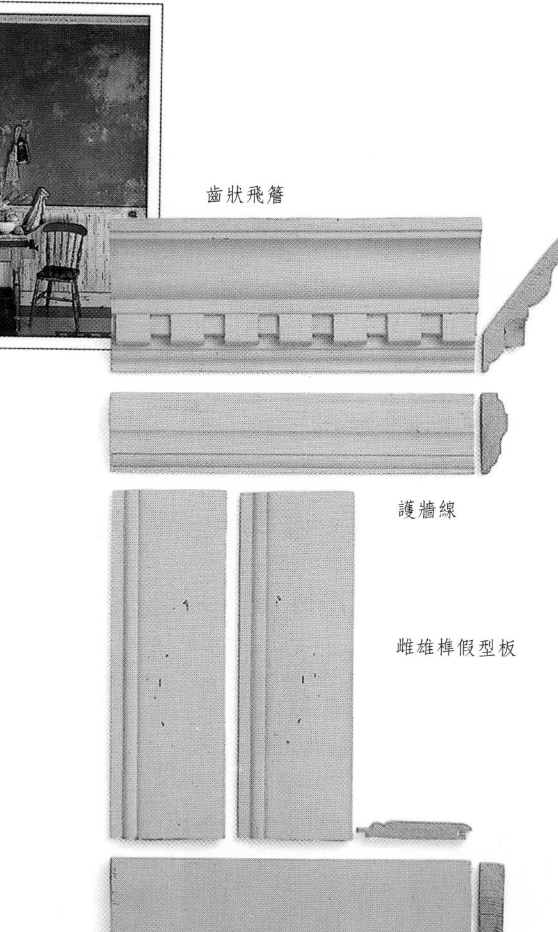

齒狀飛簷

護牆線

雌雄榫假型板

踢腳板

油氈紙雕帶

塑膠木條

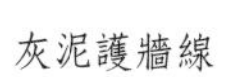

灰泥護牆線

機器製壁帶

踢腳板基底

加勒比海風格的布置

在這間加勒比海風格的房間裡，我保留了部分地區性的風格，將其變成民族風與殖民風的結合。我把在都鐸風房裡用過的齒狀壁帶也用在這裡，結果證明它不僅能搭配牙買加殖民風格的飛簷，而且和下方簡單塗上漆的假型板（上接護牆線）也很適合。熟練使用這些基本材料後，你會發現踢腳板其實只是一片上過乳膠漆的木板。

利用韻律感

裝潢時最容易被忽略的是視覺上的韻律效果，這種效果可以創造出房間裡的生氣活力，同時還能提供另一個豐富的脈絡可供開發。自從華麗裝潢風格從20世紀初期日漸失寵以來，韻律效果已經被忽視很長一段時間了。

在一個房間中，最簡單的韻律裝潢，可以是兩扇你想裝飾成顯眼對稱的窗子，或是放在顯眼地方且位置對稱的兩面鏡子。這種方法可以獲得視覺上的滿足效果，因爲這可以明確畫清並強調兩者之間的空間與旁邊空間。

重複的圖像

最繁複且最常見的韻律裝潢，可見於朝向四面八方、散發重複音符的壁紙和織品。

畫面或主題的重複，有如它們的脈動環抱著房間，訂定清楚的韻律成爲節拍器，評判房中的所有元素。節拍的強度，則取決於你採用的尺寸和重複的次數，加上房間的大小。

水平韻律

有時就像下頁圖片一樣，最明顯生動的韻律，是朝同一方向進行，水平環繞房間的韻律。它們的韻律感不會消逝，而且會順著房間的建築結構伸展。它們通常位於飛簷高度，如此一來，重複的主題不僅清楚可見，更不會和房中其他裝潢混淆。重要的是，家具、掛飾和人都不該遮住圖案的流動，否則就會將旋律打斷。

重複的飾釘

在60頁中的維多利亞風房間牆上，重複黏貼了一些燙金飾釘。採用浮雕飾品，是為了用非常搶眼的方式重複韻律。飾釘間的距離很大，並為房間帶來強烈的韻律感。

有韻律的鑲板

這是個全面性韻律裝潢的牆面，牆面的不同韻律，朝自己的方向各自展開。主牆面上的分割鑲板，確實能和牆面的簡單重複韻律相應，以精準的幾何圖形圖案運行。

圖案的效果

細膩感

這個古典的油氈雕帶圖案設計複雜，而且每半公尺便重複一次。由於圖案屬淺浮雕，色彩又穩重，因此降低了韻律的潛在衝力。

擺動感

流蘇和繩索的重複不受背景或框條的拘束，這類波浪形的重複可為房間添加生氣。

節奏圖像

為加強球形吊燈的意象，我在較高的牆面上，以等距離黏貼彩色影印圖片。吊燈有助於確定意象：分散的拍子奏出沉穩韻律，讓中央的球形吊燈成為目光焦點。

多重圖案

重複的頻繁度、鮮艷的壁帶和牆上的垂直條紋，使波浪狀繩索更加複雜。然而，儘管整體組合欠缺韻律的力道，卻依舊豐富且有裝飾性。

平衡曲

重複的小鳥演奏出清楚的主旋律，再用一連串小圖案銜接以達平衡。上方的鋸齒曲線作為重複率更頻繁的三角波浪，使韻律中有更強的韻律，奏出如聲音共振的視覺效果。

柔波

波浪形是種簡單的韻律圖案，可以是繩索、垂花、花環，或如圖中的鍊條。你可以調整波浪間的距離，找到最適合房間的重複率。

光線、顏色和氣氛

大多數人對房間應該用什麼顏色的臆測都是錯誤的。如最明亮又可反射，並能讓人感到歡愉的顏色，並不是只有大家熟知的淡桃紅色和杏桃色，還有亮黃色和薰衣草藍。如果你試著藉由明亮的色彩來調整房間的氣氛，就會冒著因太明亮而損害房間原有格調的風險。

選定顏色前，先考慮你待在那間房間的時間是白天多還是晚上多。多數的色彩設計在人造光線下都很好看。如果你的問題是房間在白天時很陰暗，在決定使用淡色系前，先試試在房間裡放些鏡子和互補色系（見160頁）的效果。

在這兩頁的相片裡，褐色房間（左下圖）最爲神祕有趣。白天時，房中的反光較少（右下圖），但顏色和日光相得益彰，使得房間看來溫暖宜人。相反的，淡色房間（右上圖和右頁圖）白天時較不迷人，看來既冷漠又了無生趣，但是一到晚上，在燭光的照耀下就顯得魅力十足了。

顏色的效果

我用兩種不同的顏色，分別粉刷同一面木拼牆面。首先，我在染成藍色的木頭上漆上淡淡的白色（右上圖和右頁圖）。然後剝除，改漆上柔和的淡褐色（左下圖和右下圖）。這兩個案例證明，利用木頭質地以提升漆面趣味是有可能的，而且比較兩張白天拍攝的相片，你會馬上發現這種外觀趣味在擺設風格上，會比純粹油漆的顏色更具影響力。雖然褐色牆面使房間較為陰暗，但會比陰冷的藍色更有氣氛。

處理整間房子

裝潢應該是既有趣又讓人快樂的事。既然全世界都認定裝潢只是門面活動，因此它不一定得包含大型結構的改建，事實上也不應該如此。本書中示範的所有房間裡，所謂不同國家、不同時代的風格，都是廣義的詮釋。這些布置都不是歷史文件，當然可以出現在不同時代的不同房間裡。如果帶著充滿樂趣的心情來裝潢，你就能品味裝潢。

主題延伸

但是，怎麼把對一間房間的設計構想，擴大成整個房子的裝潢呢？怎麼給家一個身分，而且是可以承擔不同房間的身分？

變化是需要的，因爲當我們招待客人時，在浴室或臥室獨處時，以及下班回家後的我們，都是不同的，所以環境也要依照這些不同需求而有變化。但是，家同時也是個單一的居住空間，有太多人裝潢自家時，將房間當作封閉排外而且各自獨立的空間。

這兩頁說明裝潢房子時，必須謹記的三項主題：顏色、材料和時代。任選一項作爲基準，可以幫助你替房子內部理出一個外貌，而且這個外貌應該會是完整的。如果你能三項並用，並讓所有房間在顏色、材料和時代上都一致，你的家將會更有特色。

時代性房子

裝潢時代性房子時，常充滿道德恐慌感。這樣做對這歷史建物正確嗎？使用的材料和顏色正確嗎？或者，如果裝潢目的不在精確而在詮釋，你的詮釋有照顧到建築物的結構和特色嗎？

如何決定

這些問題在某種程度上確實重要，尤其是處理珍貴古蹟時。但是裝潢是很私人的活動，目的是提供私人享受，反應的是個人品味而非集體觀念，而且也該維持如此。處理時代性房子時，最應考慮的不是該不該加什麼，而是該不該拿掉什麼。

這個問題的答案是，非不得已不要拿掉原始結構，因爲不論加到建築物上的是什麼，如壁帶和油漆等都可以移除，但是一旦拆除原始結構，就很難裝回去。1960年代時，許多19世紀的房舍遭逢自家摧毀的命運，而那些現在打算重修並且還原的房舍，不是跟原來不符，就是無法協調。

以顏色為準

要讓整個房子主題一致的最簡單方法，就是使用共通的色系。這並不表示每個房間都要用同一種顏色，而是選擇一個顏色範疇，然後繞著那些顏色處理。下圖的幾種顏色選擇，是結合光譜上橘色／紅色端的顏色，運用在維多利亞式、東方式和西班牙式的室內裝潢上，而且每種裝潢的面漆和質感都不同。維多利亞式牆壁漆上一層深紅色，並潑灑塗料和釉料（見60頁左上圖）；摩爾人臥室的表漆，則是灰暗的赤陶色（見82頁左上圖）。

紅色背景上潑灑塗料和釉料

上圖，上釉後變柔和的番紅花色

左圖，上赤陶色漆的牆面

以材料為準

選擇一種主材料作為串連裝潢的要素，就可以嘗試各類顏色的使用。此處我選用灰泥作為整個房子都可以使用的牆壁面漆。這裡展現的設計主題是以法國／拉丁美洲式為主。雖是替不同房間設計的主題（一間臥房、一間廚房和一間起居室），但也可以稍加修改用在其他房間。

為法式廚房設計的油印灰泥

左圖，17世紀西班牙臥房裡的淡白色灰泥牆

下圖，20世紀設計風格的上漆灰泥

顏色、材料和時代性

當你設法採用不只一種手段連結房間時，它們之間會形成緊密的連結。本頁的連續相片表現了串連房間的元素，包括綠色系、上漆木料、風格同源等；中間的英式風格是根據影響美國早期室內設計的19世紀簡約風而來。

新英格蘭設計

17世紀英式布置

美國殖民風格

裝潢技巧

熟練書中技巧的首要方法，就是勤加練習。面漆可以直接塗在要粉刷的牆面上，然後用白漆蓋過去。也可藉由把透明油性釉料直接塗在要粉刷的表面，來練習你的技巧，只要在釉料沒乾前刮除就行；也可以在小木板上以蠟料和漿糊來作實驗。想知道不同顏色所呈現出的效果，可以準備大型的顏色樣板放在房間的不同部位。四個牆面都漆上相同顏色的效果最好；想知道這種效果的衝擊度，可以把裝塗料的舊罐內部塗滿（見右頁圖示）。我從來不用滾筒粉刷，因爲粉刷後的質地會破壞下一個塗層。

一般來說，材料混合方式皆是以比例作爲說明，如蛋殼漆以1：4加松香水稀釋，意思是蛋殼漆爲1，松香水爲4。顏料的調製、乳膠漆和漆料的染色、上釉的預估效果和小祕訣，還有粉刷的相關資料，在156-159頁也有說明。

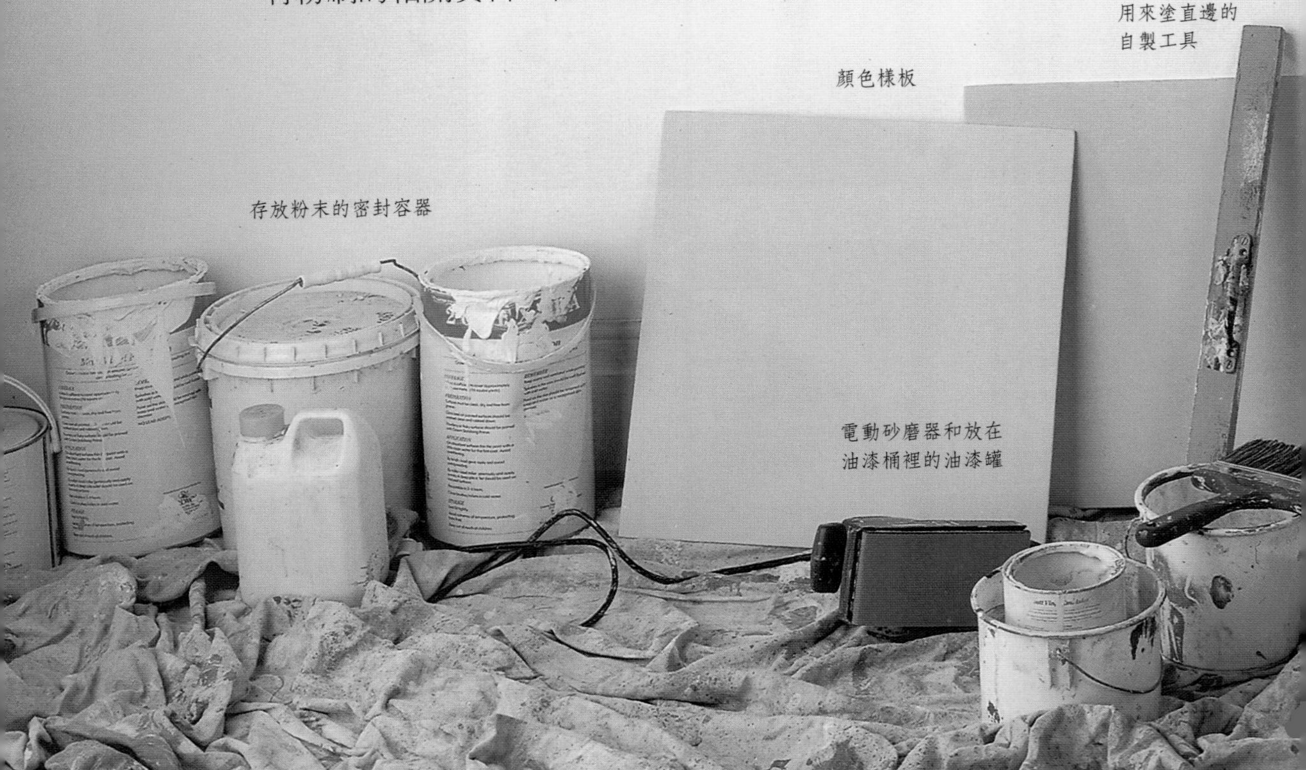

開工和收工

通常要鋪放足夠的防塵紙，而且油漆罐要放在有把手的桶子裡，以接住滴落的塗料：桶子用彈簧鉤固定在梯子上。工作環境應保持通風，不要吃東西、喝飲料，或抽煙。使用某些材料時，一定要戴上手套、護目鏡或面罩（防灰面罩可防止吸入粉末）：處理溶劑時要戴上特殊的呼吸面罩，以防止吸入毒氣。每項技巧都附有安全提示，在148-155頁也有安全注意事項。如果你使用的是水性油漆，當你想休息1個小時以上時，可將布用水沾濕後包住刷子；如果你使用的是油性油漆，則要將布用松節油沾濕後包住刷子。每天收工前先清洗刷子，並蓋好油漆罐。

厚質橡膠手套

長尺和
酒精水平儀

用彈簧鉤固定的
塑膠桶

在空的油漆罐
裡測試顏色

工作檯上：
面罩和護目鏡

灰泥和石頭

赤裸裸、粗糙的灰泥、石頭、大理石和赤陶所具有的原始質感與在考古上的聯想，使得這些材料最適合用在地中海風格和鄉村／民族風格，或者有古代和中世紀味道的房間裡。另外，磨光的大理石和某些加了釉料的赤陶色，也適合用來裝扮宏偉或帶有新古典風的房間。

品味粗糙不平的灰泥

老舊又易碎的灰泥牆和被漆得平滑且樸素的牆面相比，氣氛截然不同，我設計了一種特殊技巧（見72-73頁），使用一種和眞的舊牆質地相近的新灰泥。灰泥應如下圖所示範，在水桶中混合。

把灰泥抹平

將灰泥塗抹平是需要高度技巧的，並且最好由專業的泥水匠執行。不管怎麼樣都會有一些小洞或不想要的裂痕，這時可用補土來加以填平。

工具

塗抹時需要泥刀；抹平裂痕時需要刮刀；刮除鬆動的灰泥時則需要耙刀。將麻紗加上玻璃纖維，可以做出灰泥作品裡的纖維感，就像本頁上方的壁帶。

麻紗

處理灰泥

調和灰泥　灰泥撒入水中，直到粉末浮在水面並堆積後，便將灰泥與水調勻放在翻面的蓋子上備用。

固定　老舊剝落的灰泥牆在粉刷前要先塗一層固定劑，以穩定受損且具有滲透性的舊漆。

填平　先把鬆落的灰泥耙出，再將表面沾濕，用刮刀把新的灰泥或補土填入。全乾後，再用砂紙磨平。

灰泥壁帶

裝飾性的灰泥是許多時代風格的基本元素。像上圖中的標準花樣，在大部分的DIY店和建材行都找得到；較少見的花樣，在特殊材料行也買得到。在上一個世紀中，壁帶是在施工位置直接製作的（先塑出基本的外形，再把灰泥黏到預鑄部分裡），但現在的壁帶，是使用快速定型的灰泥膠泥預先鑄好，再將完成的壁帶用灰泥黏到牆上（由專業人員執行），若是較輕的壁帶，則可用螺絲固定。

黑色花崗石

赤陶瓦片

左圖，蛇紋石

上圖，非洲石板地磚

赤陶瓦片

由耐火黏土做成的赤陶瓦片，可能是顏色最溫暖的建材，特別適用於鄉村風和地中海風格的室內裝潢。為了能欣賞它的天然質地，使用時，是以上了透明釉或沒上釉的牆瓦或地磚的形式。或者也可以用油漆再製出赤陶的質感（見82-83頁），並在表面塗一層清漆，讓它更為耐久。或用木頭染色劑為混凝土製成的瓦片上色後，再漆一層無光清漆。

大理石和石頭

大理石表面可以刨光。由顏料、灰泥、大理石屑加上膠水做成的仿雲石，是一種傳統的人造大理石。有許多顏料被用來仿大理石，由於大理石很貴，使得這種顏料大受歡迎。有些大理石很容易刮傷，無法拿來當作地板。還有石板和砂岩也可用作地板的質材。

裝飾性灰泥

許多修飾性的粉刷效果，如洗色和上釉，都適用於平滑（有時也適用於粗糙）的灰泥牆。欲使粉刷的效果不同，事前的調配需求也有所不同；我會在每一項技巧中說明細節。

裝飾性的鑄像

灰泥也可運用在鑄像的形式上，自18世紀起，這一類型的鑄像就是很多室內裝潢中的必需品。我設計了一套簡單的仿古技巧（見70-71頁），作爲粉刷此類鑄像（並盡可能爲其上釉，見54-55頁所示）的另類方法，可讓成品呈現出自然柔潤的外觀。

灰泥的種類

現代裝潢用的灰泥，大多是灰泥膠泥。快乾的熟灰泥便是灰泥膠泥的一種，有些鑄像就是用這類材料鑄成，拿來修整鑄像也很好用；此外也有慢乾型的種類。市售的牆用灰泥分爲黏合和面漆兩類，也有二合一灰泥，而且色彩多樣。現代的灰泥粉會吸收水氣，放1-2個月後再用較容易變乾，反而會增加工作難度。

牆壁和鑄像使用的灰泥可以和色粉混合，但只能使用抗鹼性顏料（148-151頁列有清單），方法在157頁有說明。

傳統灰泥是用石灰粉和沙製成，常添加馬毛或其他纖維質。未經防潮處理的舊房子應先塗上傳統石灰底灰泥，再刷上色膠（見156頁），讓濕氣自然揮發。

使乾透

剛完工的灰泥牆和灰泥鑄像，在粉刷前，要先使其乾透數週（數月更好），讓表面的水分完全蒸發，否則塗料會起泡或剝落。

處理裸灰泥

裸灰泥要漆上乳膠漆前，應先塗一層聚乙烯樹脂（PVA），或塗一層用水稀釋成一半濃度的乳膠漆。漆上油性塗料前，要先塗一層聚乙烯樹脂或抗鹼性底漆。蟲膠漆則是另一種封漆，可作爲水性塗料或油性塗料的底漆。

灰泥畫 壁畫是種古老的繪畫方法，以色粉和水的混合物，塗在半成形或剛成形的灰泥牆上。灰泥乾透時，會吸收潮濕的顏料結合成表層。上圖的小天使即用這種方法和抗鹼性色粉（接觸灰泥時不會褪色）繪成。

灰泥鑲金 這個小天使是用熟灰泥鑄成，以蟲膠漆塗封，噴上一層銹紅色噴漆後，再貼上金屬葉片。

仿灰泥浮雕

我把繩索浸入熟灰泥漿裡，使其外觀既能搭配流蘇，並看似灰泥浮雕。

仿古式的粉刷

蟲膠漆和石灰蠟（見70-71頁的仿古技術）是粉刷新鑄灰泥像的一個好方法。成品的色澤將會光滑白潤，讓人誤以為內部材料相當昂貴。這種方法也適用於大面積的灰泥製品，大至本頁上方的飛簷，小至小型灰泥像。重要的是，著色前要先讓小型灰泥像放置幾天，使水分蒸發。

灰泥鑄品

市面上可以買到各式各樣的灰泥鑄品，也可以到工藝店買熟灰泥和模具自己製作。左下圖的流蘇是我自己做的，我把它做好後漆上蟲膠漆，等漆乾了後，再塗上紅色與褐色的法式琺瑯漆（一種以蟲膠漆為底的清漆，見141頁）。為強調重點部位，我用工業酒精擦掉部分已乾的琺瑯漆。另外，鑄品也可被粉刷或仿古成上圖的飛簷。

仿古
灰泥飛簷

漆上粉紅色灰泥面漆的塑膠鑄品

使用其他材料

就連木材或塑膠鑄品，如左圖樣式，也可以漆成仿古的灰泥鑄品，作為搭配屋內其他仿古物件的完美飾品。

自製
灰泥鑄品

枕樑與缽盤

若將上圖的飛簷著色法運用在右圖的枕樑與缽盤，效果會一樣好。這些鑄品不是與天花板同高，就是接近天花板高度，粉刷後的效果柔和優美，連近距離端詳都一樣耐看。粉刷後所呈現出的效果會讓你想買鑄品作為家中壁飾，如120頁左上圖的鑲板。

仿古枕樑

仿古缽盤

原木

若將原木處理成能夠展現出天然紋理，會使木頭有著親切溫暖的外觀，而處理方法不外使用清漆、刨光或透明媒介塗油。塗普通清漆前（見140-141頁），請先依照右邊的準備說明處理木頭。家具亮光蠟既能滋養木頭，又能得到令人愉快而柔和的表面，還會散發出蜜香。

選擇木頭

世界上森林的消耗速度遠超過生長速度，盡量購買再生資源區的樹木，如北歐的松樹，而不要買熱帶雨林的巴西闊葉樹。

如果你打算用傳統方式粉刷木頭或理出木紋（見94-99頁），一定會毀掉木頭的原始質感，不如考慮使用纖維板、再生硬紙板或硬質纖維板等，用鋸木廢料做的製品。

多數的軟質木材如松木和雲杉木都不貴，因此廣受家庭歡迎。有些木頭的紋路迷人，你可以選擇透明面漆以提升質感，但大多數的木頭不是頂好看，漆上油漆後的效果會比較好。

硬質木頭，如橡木、榆木、白楊木、桃木、青剛木和紅木（桃花心木），都屬堅硬且紋理較細緻美麗的木頭。由於價錢因素，這類木頭較常用於家具、壁帶上，較少用在大型區域，像地板或天花板之類，而且它們通常以刨光的方式展現自然風采，而非漆上油漆。

軟木壁帶

市面販售的淺浮雕壓花壁帶的花樣繁多，下圖的上楣壁帶就是其中一種。由於壁帶表面通常很粗糙，最好要上漆。可用螺絲或釘子固定在牆上。

油性清漆

木節油

準備木頭和塗清漆

清漆可以保護木頭表面，並展現出原有的木紋。我比較喜歡用油性清漆，不喜歡用顏色較傾向黃色的聚氨酯清漆。為了避免樹脂從樹節滲出，必須塗上木節油（會讓木頭變得較暗）或白色亮光漆（效果較差但不會變暗）。塗一層以蟲膠漆為底的砂光底漆，可以保護木頭表面不因清漆而變色。

軟木上楣壁帶

細的壁帶

這些壁帶很容易買到，不是樣式簡單就是花樣簡單。它們可以單獨使用或組合使用，如作為護牆線，或用來美化標準踢腳板，或放在掛畫的高度。軟質木頭做的壁帶著色後比較漂亮，可上漆或上釉；然而硬質木頭做的壁帶最好用蠟或清漆拋光，讓木紋展露風采，如紅木和橡木。

壓花軟木壁帶

軟木雙曲線壁帶

軟木鑲板壁帶

橄欖木

旋切的白楊木
堅果盤

硬質木頭

橡木、榆木和紅木是最常用的硬質木頭，而且常做成刨光壁帶。它們價格昂貴（紅木是熱帶樹，應盡量少用），如果只是少量使用，並搭配上過色或處理過木紋的軟木一起使用，效果會很好（處理木紋的技巧見94-99頁）。梧桐樹和櫻桃樹之類的果樹，也常製成鑲嵌材料、木片和彎角。

白楊木的質地　這種硬木拿來做裝潢物品和薄木片很受歡迎，因為它們的紋路漂亮，而且著色、上淡彩（見50-51頁）、上石灰（見58-59頁），甚至噴上黑色後，木紋還是清晰可見。這種木頭可以旋轉切割成像上圖一樣的堅果盤。但是像松木類比較便宜的木頭，通常不適合旋轉，因為木頭上的木節很多，常會卡住鏇刀，有時還會導致木頭碎裂。

橡木

紅木

變黑的橡木樑

老橡木

中世紀時，有時會在橡木板塗上瀝青或薄薄的白色，以保護木頭，所以如果你為橡木漆上白色就是遵循舊法。但是大多時候是讓木頭直接裸露，任由木色在時間的洗禮下變黑（過去150年來，流行以人工方式讓老橡木變黑）。

裝飾性木頭

替木頭上色的方法很多，目的絕不是要隱藏木頭的天然特質，而是要讓木面更加美麗。即使是標準的塗層，也可以用來製造效果，尤其是塗在壁帶和鑲板上。在50頁的房間裡，爲了將古典式的風格凸顯出來，木頭的特質屈居配角。

第一步

含有樹脂的木頭，在上漆前，要在木節上塗木節油，以防止樹脂滲漏。作爲本頁背景的松木板，漆上了白色的亮光劑（見141頁），而非塗上木節油（深棕色），這樣才不至於破壞纖細的淡粉紅色。除了上淡彩和仿古式的粉刷外，要上顏色或石灰的木頭都該用砂光底漆保護，或先用砂紙輕輕磨過（上石灰的話，木面要用鋼絲刷刷過）再上底漆。以前，上過顏料的木料要先用糖肥皂洗過，而且亮光漆要輕輕的砂磨過。被粉飾過的木頭，則應該要被剝除。

仿製的木頭

樹脂鑄物通常比木頭來得便宜。有些公司生產可以覆蓋整間房間的樹脂鑲板。由於模型取自原木，複製品的花樣和紋路幾可亂真。

木頭效果的地板

有些塑膠地板的花樣和外貌和真的木板不分軒輊，非常適合代替上過塗料和清漆的木頭，作為浴室的地板，因為它不會被掀起或弄髒。

淡彩木頭

上淡彩的木頭

這項簡單技巧是塗上一層薄薄的稀釋漆料，讓木頭顯現柔和且幾近乳色的外貌。使用木頭染色劑可有多樣的顏色選擇，又可控制想顯現的木紋數量。

樹脂鑄雕刻物

泡過（上過石灰）的松木地板

仿古粉刷後的假型板

塑膠木頭地板

模仿木紋

幾世紀以來，顏料一直用於模仿不同的木紋，不論是用在非木料表面，或本身即具天然花紋的木頭表面。右圖顏色較淺的木板，是三夾板上漆後的效果。顏色較深的木板是青剛木，以顏料仿造出黃檀木的木紋。木紋漆法（見94-99頁）可讓松木這類木頭，看起來像昂貴的硬質木，也可用來統一房間裡的其他非木料物件，如94頁左上圖採用木紋漆法的浴缸。

三夾板上的黑色橡木木紋效果

被漆成模仿淺色橡木的三夾板

被漆上黃檀木木紋的青剛木

在橡木雕刻鑲板上石灰後的效果

上石灰的木頭

石灰是處理木頭最簡單，效果也最驚人的一種方法。蠟或漿糊抹在木頭上，木頭的氣孔會留有白色的殘留物，增添木紋的生動性；由於白色殘留物會黏附凹處，所以用在木雕品的效果更好。木紋開放的木頭，如白楊木、橡木、榆木，最容易處理木紋；木紋密合如松木者，需要用人工方式，以鋼刷不斷用力刷開木紋。這項技巧說明於58-59頁。

仿古粉刷

可以將木頭粉刷成剝落有缺口的外觀。左邊的假型板在漆上黃色乳膠漆前，先加過一點一點的蠟以抵抗乳膠漆，之後再刮除，露出木頭塊斑處（見64-65頁）。

紙和紙板

數世紀以來，紙類裝飾品常用於家中，直到今天依舊廣受歡迎。紙的使用有三種主要方式，最常見就是用在牆壁和物件表面，如壁紙、鑲邊和剪紙。另一種是拿來當作遮光或濾光物，如在框中拉紙並且用油處理。此外，紙類還可以作爲裝潢的輔助品，如鏤花模板和描圖紙。

壁紙

壁紙是最常見的紙類裝潢材料，形式有很多種，最簡單的一種是襯紙，可以用來作壁紙或油漆的底層。18世紀時，襯紙常直接糊到木板上後再上顏料，以模仿較昂貴的牆壁覆蓋物。最初的壁紙花樣也是模仿其他東西而來的，如掛毯、壁畫和撐開的織品。

糊壁紙時，如要得到最佳的效果，最好使用糊壁紙專用的漿糊，或糊剪紙用的聚乙烯樹脂。

圖片影印裝飾紙

在牆壁或家具上黏貼圖案特殊的影印圖片，以獲得低廉的剪紙花樣（見116-117頁）。

影印的半獅半鷹獸

古典鑲邊紙

鑲邊紙

這些是印在堅固紙材上的傳統花樣，通常製成一長綑。你也可以自製鑲邊，只要把影印紙重複黏在一起就行。鑲邊放在雕帶或護牆板的高度，以增添設計風采。

鏤花模板

某些鏤花模板是由醋酸人造絲取得，又硬又有彈性，可以環繞彎角；但是很滑，可能不易切割。鏤花模板（又稱油浸馬尼拉紙板）是傳統材料，又硬又厚。

雕帶用鏤花模板紙

從馬尼拉油印紙剪下的模板

鉛筆圖案的描圖

描圖紙

這種紙是把圖樣印到牆面、地板和家具時，不可或缺的物品。首先用鉛筆把圖案描到紙上，然後把描圖的一面放到牆上，再用鉛筆摩擦背面。

19世紀花樣的壁紙

油棉紙

棉紙

花朵圖樣
包裝紙

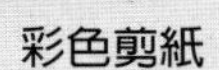

彩色剪紙

非常便宜好用的紙料，雖然非常薄，卻可剪裁和上膠後，貼在牆上或家具上。若想讓圖像重複，可彩色影印。塗一層清漆以保護剪紙。

油棉紙

將紙裹上一層清漆、油或蟲膠漆後，就變成半透明的。油棉紙可以作為窗子的遮蔽物；襯紙塗一層蟲膠漆可以作燈罩（見156頁）。

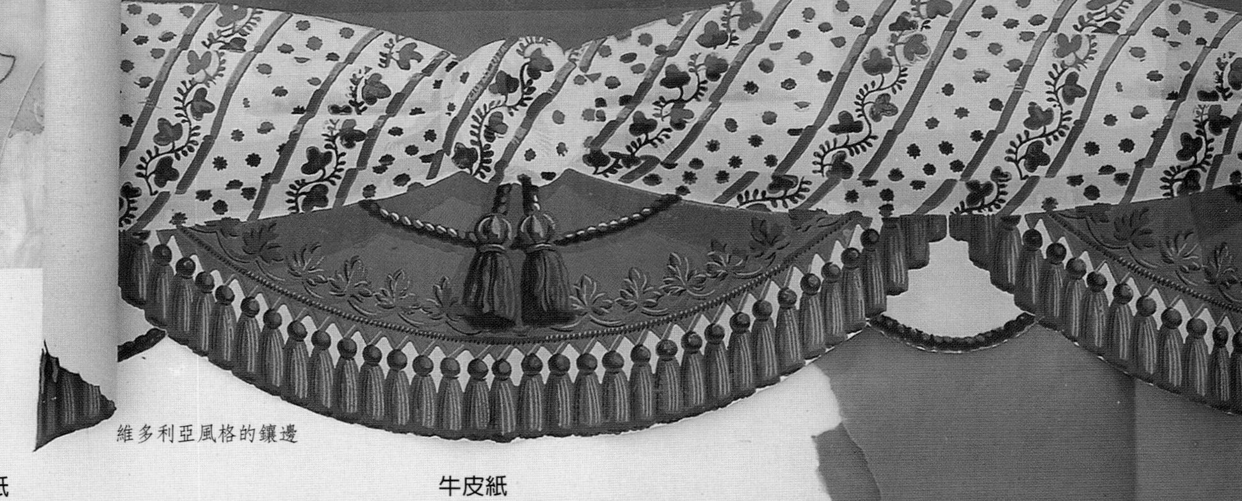

維多利亞風格的鑲邊

壁紙

雖然壁紙可能不便宜，但它的花樣與種類很多。你可以選擇繪畫般的壁紙，如上圖的維多利亞雕帶，或單調的平面花樣，就像上圖的19世紀歌德式設計。

牛皮紙

19世紀晚期的工藝風室內設計，有時使用這種紙取代有花樣的壁紙，只需稍微裝飾和粉刷就行，見24-25頁。

牛皮紙

金屬和特殊粉刷效果

家中的金屬物件，包含暖爐、管狀設施、門和照明設備。不論是否修飾、粉刷過，或甚至已腐蝕，都讓人印象深刻；金屬和非金屬物的表面都可仿製銹紅、銅綠和金色等天然古色。

金屬的保護

除了黃金以外，大部分的金屬暴露於空氣中都會失去光澤。鐵和鋼鐵會生銹，銅和黃銅會變色或變綠轉爲銅綠。你可以在還沒修飾的金屬製品上，先塗上一層防銹塗底，接著再塗底漆，然後塗一層亮光漆或蛋殼漆。想讓金屬物的質地自然展現，只需漆一層清漆或蟲漆作爲保護即可。

金屬的底漆

金屬在上油漆前，必須先塗底漆(如果已上過漆，須先用化學藥劑剝除)。若是鐵和鋼鐵，則使用紅色的氧化底漆，如下圖的暖爐，使用的是一種油性底漆的特殊配方。

爲使因化學變化而形成的裝飾效果最好，可將綠銹程度不同的金屬放在一起，就可以有最漂亮的視覺效果，或者也可以在金屬、塑膠、木頭或灰泥上，仿製出這種效果。仿製金屬、生銹和綠銹的方法，在84-89頁有詳細說明。

黃金

由於金塊的價格不斐，數百年來，黃金就被打成很薄的金片或金箔，爲各類物品的表面鍍金。單就製造金屬葉片而言，其所帶來的樂趣，就足以讓人想學好鍍金技術（見100-101頁）。

生銹的火鉗

裝飾性的鐵銹

何不將鐵銹視為天然的裝飾品？圖中的鐵製火鉗，因先前擺放房間時過於囂張搶眼，故放置屋外1個月後，塗上亮光蠟以防止生銹程度加重（蠟有防銹的特性）。

鍍金

使用金箔讓金屬物或非金屬物的表面，閃耀黃金光澤。在一些雕刻物件上，如本頁的塑膠製裝飾品，金箔可以凝聚光線；若物件先上色再鍍金，效果會更好，顏色會穿透金箔。

鍍金的塑膠小飾品

塗上銅綠面漆的銅管接頭

紅色的氧化底漆

銅和銅綠

要讓浴室裡的銅製管線設施看來最好看的粉刷法不是塗油漆，而是塗金屬蟲漆並且把它擦亮。不論是自然腐蝕或漆上銅綠色（如上圖的銅管接頭)，搭配磨亮的金屬都很好看。

噴過漆的塑膠希臘花飾

油氈紙上的鑄鐵效果

木頭上的生銹效果

非金屬物的效果

模仿金屬銅銹時，油漆是最乾淨也最安全的方法，其他方法則需使用帶有劇毒的化學製品。左上圖的塑膠音樂圖形是為求效果迅速，而直接噴灑金色。油漆可仿製出更複雜的銅銹效果，包括鑄鐵和鐵銹，如左圖的油氈紙和生銹木條。

上漆的
金屬燈具

模仿性面漆

有幾種特殊的金屬漆，可將金屬和非金屬物，如木頭的表面粉刷成金屬物。如上圖的燈具，使用有鍛錘效果琺瑯面漆後，就會有鍛錘效果。多數金屬漆附著性強且快乾，但溶劑具有毒性。

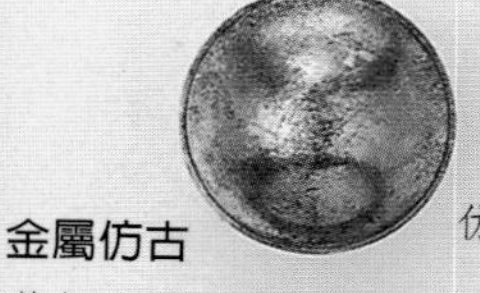

仿古門把

金屬仿古

黃銅和表面鍍金的新製物件，有時看來會過於搶眼。法式琺瑯漆可以使用在大多數金屬的表面以達仿古效果。琺瑯漆以1：1的比例用工業酒精稀釋，可用海綿擦拭，效果如上圖的黃銅門把，或者用潑灑方式，效果會如上頁的鍍金壺。金箔和金粉仿古的方法見本書102頁。

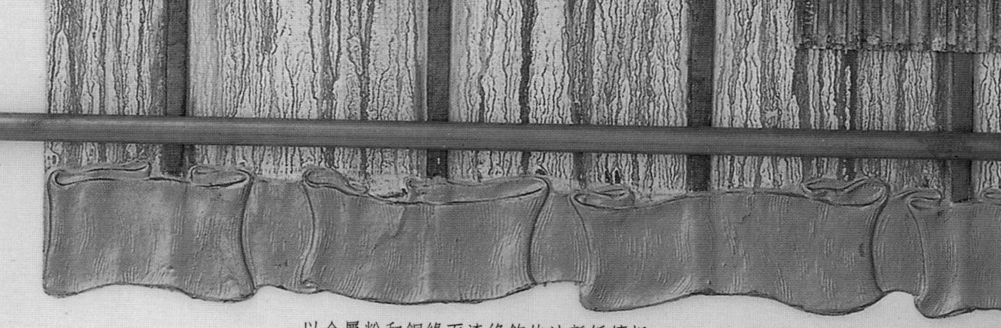

以金屬粉和銅綠面漆修飾的油氈紙鑲板

鍍金和金屬面漆

最不可能的表面也可做出金屬的效果。如上面的油氈護牆板，我使用水性稀釋漆，至於銅綠則是由金粉和法式琺瑯漆所造成。

玻璃和塑膠

玻璃是種美麗又多樣化的媒介，在家中可以有多樣化的裝飾運用，它可以鑄形和壓製、磨光、上色和上彩、繪圖、刻畫和噴沙。然而不論玻璃的外觀如何，它的本質依舊不變：堅硬、易碎且半透明。

玻璃和光線的關係，取決於玻璃如何定位它的本質；如果它是光線的修正物，在屋內就屬於重要地位。房中玻璃的位置，第一要能回應房中的光源，所以玻璃花瓶應背朝窗戶的光源，而鏡子應該能映照窗子的整體、形狀大小和投映物。

不受重視的材料

塑膠材料也許不是理想的替代材料，而且塑膠仿製玻璃的質地也確實不好，不但容易有刮痕，也無法將光線折射成光譜顏色，還會產生靜電招惹灰塵。但是市面上有好幾百種的塑膠製品，其中有些風格獨特，不該對它們抱持不重視的態度。

之所以會有人不贊成使用塑膠的原因在於，它們看來假假的沒有質感，屬於大量生產的物品，而且不能和屋內其他的「天然」材質製品，非常巧妙的結合在一起。但是今天的混凝土、灰泥和顏料中都摻有可塑劑，而且塑膠的起源由來已久：18世紀的英國建築師亞當，要求數家公司以混凝紙或一種松香、膠水和白堊粉的混合物，來製造組合牆的裝飾物，取代較昂貴的雕花木頭。接著在19世紀出現的油布和油氈紙，是兩種亞麻仁油性製品，可視為塑膠材料的雛形。這些材料的共同特性都是容易處理。

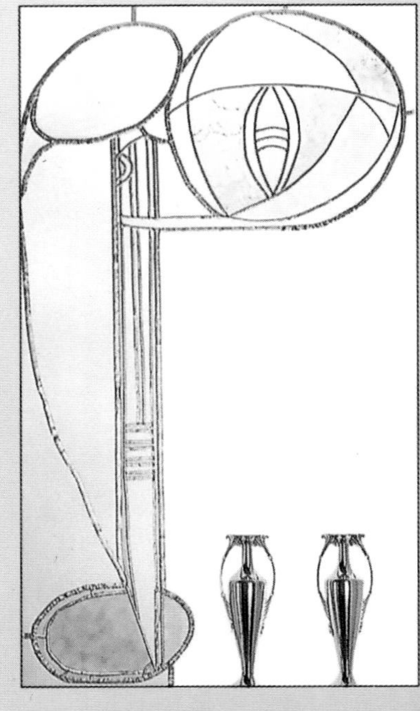

彩繪玻璃效果

自己繪製彩色玻璃，是控制房中光線品質的一項方法（見106-107頁）。

裝飾性樹脂鑄物

高品質的樹脂橡膠鑄物，絕對能夠確實仿製木頭架子的每個細部，就像右邊的圖像。就連用鑄模製造的灰泥飾品，看來也可能像仿製的雕刻品，因此，用樹脂來鑄造飾品，實在沒什麼會讓人疑懼的。

樹脂鑄成的木頭架子

油氈紙雕帶

右邊的淺浮雕雕帶是油氈紙做的，一種有專利登記的19世紀塑膠鑄物，成分包含石蠟、白堊粉、松香和亞麻仁油。這種油氈紙雕帶塗不塗面漆都可以，而且運用在大多數的時代性裝潢設計上都很成功。

上過漆的油氈紙雕帶

地磚和小配件

右圖的這些塑膠地磚，將欲仿製材料的每個細節都複製到了，如右圖的葉片花樣和下面的花環之類的裝飾品。有些纖維灰泥公司仍以合成方式製造，但這些仿製品是用塑膠鑄成，而且可以用特殊的油漆塗料和金箔改變外觀。當被蒸氣蒸過後，它們會變得具有彈性，可以用力彎曲成形。

繩索飾品

想把繩索運用在裝潢計畫裡時，可以有如下圖的聚酯纖維製繩索及麻製繩索兩種選擇。聚酯纖維製繩索上色後很美，麻製繩索則可以將其浸入灰泥漿或灰泥粉中（見32頁）。

仿陶地磚

塑膠希臘花飾

白色塑膠壁帶

仿大理石地磚

塑膠花環

被漆上藍色的聚酯纖維製繩索

簡單裝潢效果

在這部分所介紹的技巧，大多用於大面積區域，如牆壁、地板和木頭製品，然而，潑灑、塗石灰這類技巧，也適合用在家具和小面積的區域上。這些方法容易學習，而且只比塗刷一層單調顏色的技巧稍稍難些，但是成果卻會讓人非常滿意。

這些技巧大多數牽涉「顏色的堆砌」，在底層上塗一層薄薄的淡彩或釉料。其中尤以淡彩最能爲各類擺設增色；淡彩粉刷法有三種：一種是爲了漆木頭，兩種可用來漆牆壁。

左圖，底層是塗過石灰的木頭鑲板，上層是木板潑灑粉刷

上圖，淡彩粉刷是粉刷裸木最簡單的一種方法（底部的樣板也塗過石灰）

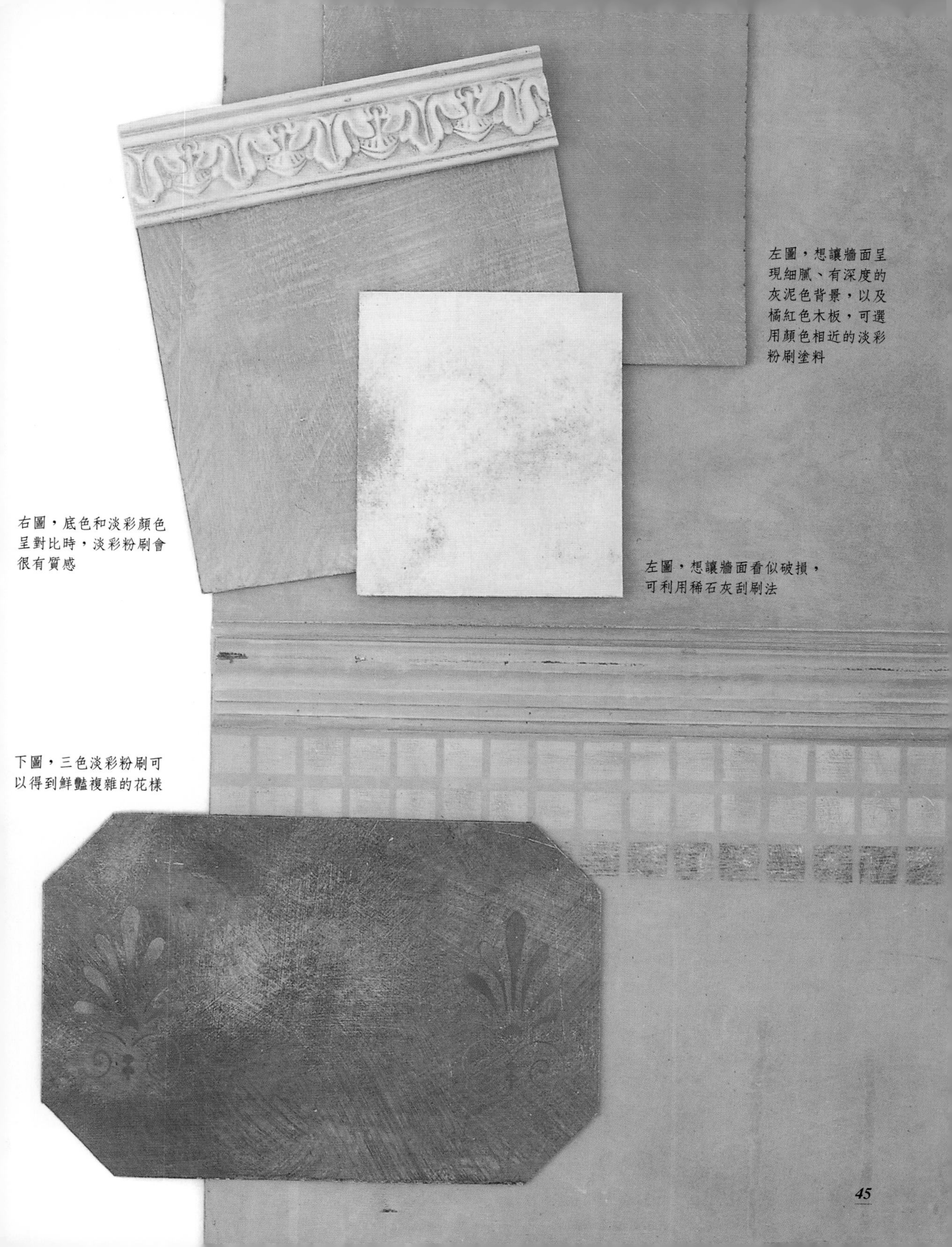

左圖，想讓牆面呈現細膩、有深度的灰泥色背景，以及橘紅色木板，可選用顏色相近的淡彩粉刷塗料

右圖，底色和淡彩顏色呈對比時，淡彩粉刷會很有質感

左圖，想讓牆面看似破損，可利用稀石灰刮刷法

下圖，三色淡彩粉刷可以得到鮮豔複雜的花樣

淡彩粉刷

這是粉刷牆壁時，最簡單、有效的一項技巧，是從傳統的水性塗料粉刷技巧傳承下來的，並取代了色膠（直到1950年代，色膠都是歐洲和美國的通用塗料）。它的覆蓋性較差，常需要利用裝飾性畫法加以遮掩，因此我使用自製的聚乙烯樹脂稀塗料，或者用稀釋乳膠漆來稀釋塗料。

這些水性塗料是粉刷在一層白色乳膠底漆上，使平坦牆面呈現柔和、半透明的細膩效果。只要使用稍微不同的淡彩粉刷法，淡彩就可以爲不平且粗糙的灰泥牆面添加色彩，並使牆面質地變得平坦（見72-73頁）。此外，還可利用海綿粉刷法相關技巧來塗刷淡彩。

淡彩粉刷的底漆是白色乳膠漆，如果牆壁已塗成白色，要先確認牆上有沒有灰塵。淡彩層粗略塗刷於白色乳膠層上，然後用潮濕的刷子刷過，使刷痕軟化，最後再重刷一次。

顏色

銹粉紅色、黃土色、灰色、赭黃色、乳色與淡灰棕色這類柔色系色彩，可使大面積區域得到最細緻的效果。

強烈色系如赤陶色，用在淡彩粉刷法的護牆板效果很好，如上圖的威尼斯風格設計。

稀塗料的選擇

你可以使用自製的聚乙烯樹脂稀塗料（如同我在這裡所示範的），或者使用稀釋的乳膠漆。聚乙烯樹脂稀塗料比較好用，因爲塗料乾了後，留下來的硬紋都可以沾濕後重刷。要調製聚乙烯樹脂稀塗料時，只要混合水、聚乙烯樹脂和色粉即可。然而在處理小面積的區域時，可以使用軟管裝的顏料（畫家所使用的壓克力顏料或水彩顏料），調製法見157頁。色粉中含有劇毒，可依照149頁的安全指示處理。若想讓牆面可以用水清洗，只需再上一層無光油性清漆。

使用乳膠漆

淡彩粉刷如果使用乳膠漆，效果比較不誇張。調製乳膠漆稀塗料，只需以1：4的比例加水稀釋乳膠。由於乳膠漆乾了後會不透水，以致變硬的刷痕無法弄濕並修正，所以一次只能塗刷不到1平方公尺的面積（步驟1），而且要立即使刷痕模糊（步驟2）。

大型裝潢刷

聚乙烯樹脂稀塗料

合成海綿

工具和材料

用赭黃色色粉自製聚乙烯樹脂稀塗料，並稀釋成淡色，用在粗糙牆面上。稀塗料用刷子塗到牆上後（步驟1），把多餘塗料擦掉。

海綿粉刷

把水和淡彩稀塗料滴滿一面牆，等乾了後，以潮濕海綿使塗料軟化（下圖），直到外觀呈現斑駁圖案。

淡彩粉刷

平坦牆面

1 在乾了的白色乳膠底漆上塗一層淡彩稀塗料，朝四面八方隨意亂刷（如果使用的是乳膠漆稀塗料，則只能先塗一小塊區域）。

2 幾分鐘過後，用潮濕的刷子輕輕刷過表面，使刷痕模糊（如果是乳膠漆稀塗料的話，要馬上模糊刷痕）。

3 幾分鐘後，稀塗料開始變乾時，再用力塗刷一次，並挑刷塗料未乾的部分，使成塊斑效果。

粗糙牆面

1 要得到斑駁且看似一塊塊的粉刷效果，將稀塗料塗在白色乳膠底漆上時，要朝四面八方塗刷，並記得在凹處多塗些塗料。

2 以沾濕的刷子輕輕塗刷表面，使刷痕軟化；5-10分鐘後重複一次，這次則要用力塗刷。

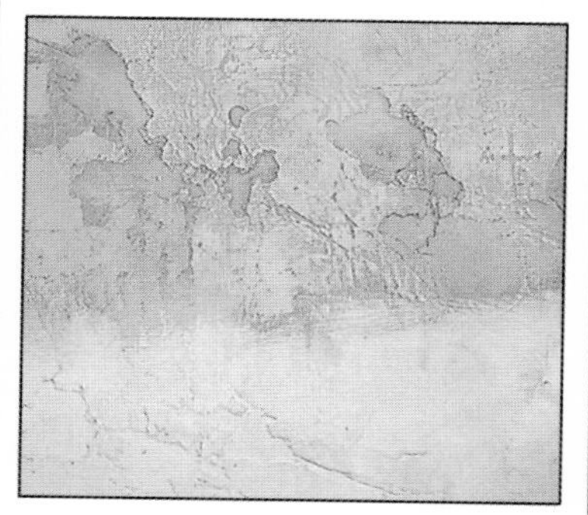

3 從這張完成一半的牆面圖裡，可看出淡彩稀塗料強化了灰泥牆凹凸區塊間的對比效果。

另類效果

圖裡的平坦牆面是只有做到步驟1-2的成果，圖案看來更單純，刷痕更清晰可見，色彩的對比效果更細膩。

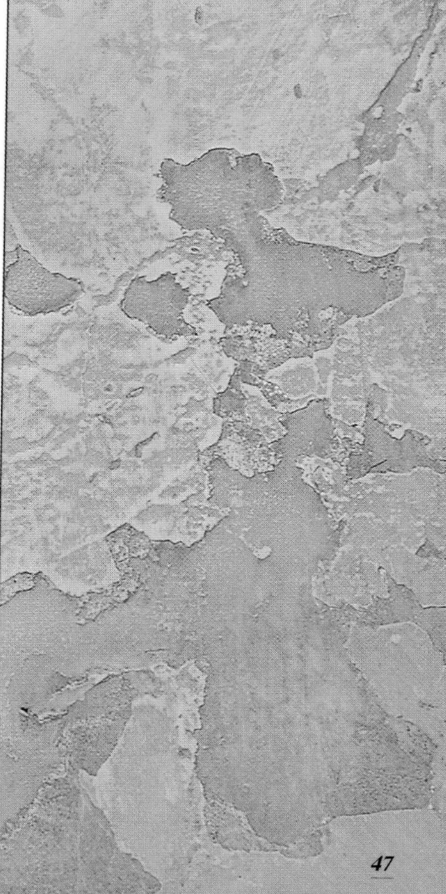

三色淡彩粉刷

堆砌三層的淡彩稀塗料，會製造出驚人的質感和深度。三色淡彩粉刷還可做出從前以水彩粉刷牆面的質感，如左上圖的希臘羅馬式浴室，房中的護牆板用了乳色、黃色和綠色。

壁面上濃厚青銅色的做法是，先塗抹兩層自製的聚乙烯樹脂稀塗料（黃土色和黃褐色），接著再塗上稀釋過的乳白色乳膠漆稀塗料。第一層稀塗料的塗法，是依照47頁粉刷平坦牆面的步驟1-3；49頁將解釋第二層和第三層稀塗料的塗法。

三種顏色應該選用同色系但不同的顏色，如番茄紅、赤陶色和灰棕色，或是藍綠色、綠藍色和淡藍色。

第三層顏色是用來使質地軟化，並且讓外觀看似半透明，帶點朦朧的質感，所以其顏色應該是三者中最淺的。重要的是，塗刷時用料要節約且手法要輕柔。

塗料的取捨

第一、二層稀塗料，我使用自製的塗料，因爲它們的顏色比起市售塗料更爲純濃，做出的效果會很有質感。最後一層稀塗料的顏色質地並不重要，唯一的要求是要淺色的，以帶出朦朧效果，爲求方便，我選用的是乳膠漆。

應注意色粉帶有劇毒，要小心使用，不可以接觸到皮膚。如果你必須用到色粉，請遵循149頁的安全事項使用。

想得到最柔和的效果，稀塗料可不加聚乙烯樹脂，且塗料乾後須上一層清漆。或者，如果你想讓成品帶點纖細紋理，可將乳膠漆以1：4的比例加水稀釋，三層稀塗料都須如此。

事前準備

與只塗一層淡彩稀塗料一樣，這方法不論表面平坦或崎嶇粗糙都適用，此外，底漆採用白色乳膠漆的效果最好。塗抹乳膠漆時應使用裝潢刷，不用滾筒，因爲滾筒會造成粗糙紋路，而且粉刷完淡彩稀塗料後，紋路會很明顯。

作業次序

塗第二層顏色時，每次塗刷約1平方公尺的面積。塗刷稀塗料時（步驟1），每隔5分鐘，便回頭塗刷正在乾化的區域（步驟2）。

爲避免硬化的刷痕重複，塗刷時要不斷改變區塊的形狀。

工具和材料

調製前兩層稀塗料時，黃土色和黃褐色的色粉（或水性塗料），分別和水及聚乙烯樹脂總容量的5%調和（見157頁）。第三層稀塗料，乳白色乳膠漆以1：6的比例加水稀釋。一般房間約需1-2公升的塗料。請使用品質好的刷子，品質差的會掉毛。

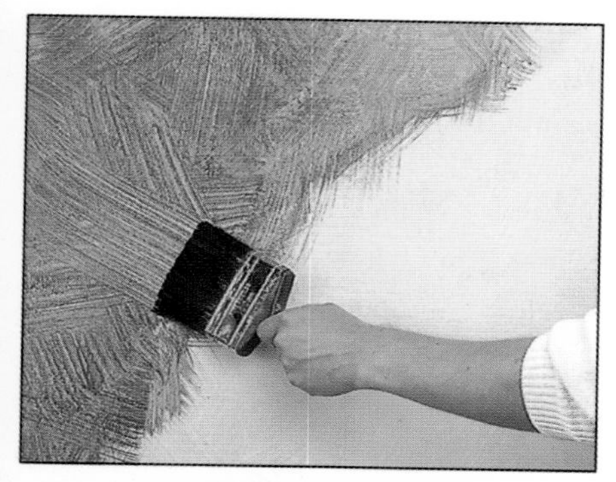

1 依照47頁平坦牆面粉刷法的步驟1-3，塗抹黃土色塗料，等塗料乾後，再塗抹一層黃褐色塗料。採隨意塗刷的方式，將刷子朝四面八方塗抹。刷的時候要用力，以得到清晰可見的刷痕。

2 和單層淡彩粉刷一樣，也是藉著暈開將乾未乾的顏料，製造雅致和深沉的質感。以稍微沾濕的刷子用力刷開刷痕，並且將顏料朝四面八方拉展，以製造複雜花樣。

3 等數小時表面完全乾透後，塗上第三層顏色較淡的稀塗料。刷的時候只刷上少許塗料，才能形成一層像彩色面紗的薄層。這次的力道要輕些，才不會留下明顯刷痕。

鏤花淡彩粉刷

我先用金色噴漆將鏤花圖案印到牆面，然後塗刷上述步驟1-2裡的黃褐色稀塗料，接著塗抹最後一層淡色稀塗料。等表層塗料乾透後，用事先以工業酒精沾濕的布，輕輕擦掉部分的淡彩層，使圖案更為清晰。

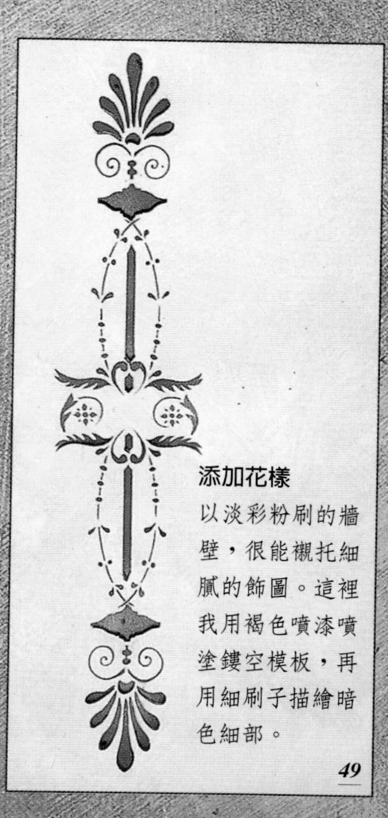

添加花樣

以淡彩粉刷的牆壁，很能襯托細膩的飾圖。這裡我用褐色噴漆噴塗鏤空模板，再用細刷子描繪暗色細部。

木頭淡彩粉刷

以水性塗料粉刷木頭，是一種流傳已久的方法。但是漆上厚厚塗料的結果，反而會使內層的木紋被覆蓋，相反的，淡彩稀塗料卻可以將木頭的天然紋路展露出來。

木頭淡彩粉刷是在裸木外表塗抹一層或兩層的淡彩稀塗料。顏料的作用如同木頭的染色劑，既可滲入木紋爲其上色，也可使木紋展露無遺。

步驟1和步驟2並用，會比只做步驟2的效果更加華麗；步驟3的作用是使木紋更能清晰展露。左上圖英國巴洛克房間的地板是只做步驟2的成果。

在裸木牆面或地板上直接漆塗水性油漆，效果通常是非常不好的，因爲水分可能會使木紋浮腫，而且會和木中的樹脂、油脂產生對抗作用。

但是裸木和乳膠漆就很契合，因爲乳膠漆含有聚乙烯基黏合劑，可以結合木頭和塗料。如果木頭有起毛狀況，須先輕輕以砂紙磨光。

事前準備

先確定舊有塗料和清漆已剝除乾淨。以化學藥劑剝除或漂白的木頭，必須用1：20比例的醋水混合劑洗過，以中和化學成分。（請同時參考36-37頁的說明）

顏色的選擇

粉藍、橄欖綠、白色和粉紅色這類淺色系，最適合松木之類的淺色木頭，以及橡木之類顏色微深的木頭。挑選顏色時，記得稀釋後顏色會變得很淺。

爲了確定稀釋過的乳膠漆濃度和顏色正確，可以先在木頭的一小塊區域試塗，然後放置20分鐘，濃度正確的稀塗料會滲入木頭，而且不會遮蓋木紋。需要更改乳膠漆顏色時，可以加入水性軟管裝的顏料，如藝術家使用的壓克力顏料或塑膠水彩。

清漆

地板或其他必須經久耐用的區域，塗完淡彩稀塗料後，應輕輕的磨砂，塗上砂光封漆後再塗一層清漆。砂光封漆可以防止清漆滲入淡彩粉刷過的木頭，並且使表面的顏色變暗。清漆會使成品帶點淡淡黃色。

乳膠漆

生赭土色色粉

布

裝潢刷

工具和材料

步驟1的稀塗料是以生赭土色的色粉加水調和而成，或是以藝術家使用的壓克力或塑膠水彩加水調和。色粉有毒，請依照149頁的注意事項處理。步驟2的塗料調法是在選好的彩色乳膠漆裡加水稀釋，調到塗料的質地如乳脂的濃度一般。在這裡你需要裝潢用的刷子，以及用來擦拭木頭以展露木紋的布。

1 要使顏色的色澤細膩，可先在裸木上塗刷生赭土色稀塗料，請順著木紋塗刷，並常常攪動桶子裡的稀塗料，以免顏料沉澱，隨後放乾。

2 如果想要較單純的效果，請從這個步驟開始進行。刷子先吸飽塗料，在木頭上塗一層厚厚的乳膠漆，刷子要順著木紋的方向塗刷。稀釋過的乳膠漆會滲透木頭，使其稍微染色，並使木紋的花樣完全顯露。

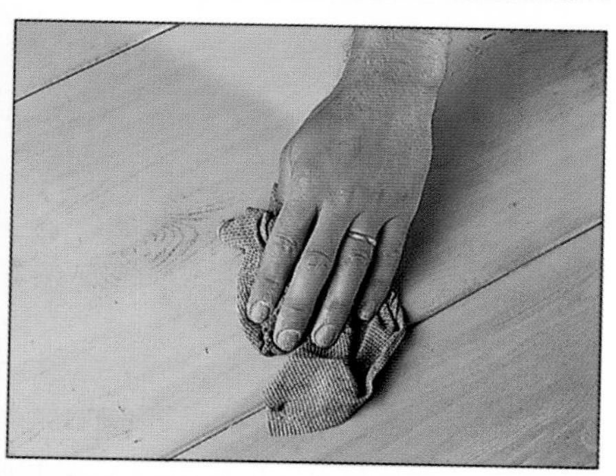

3 想展露更多的木紋，先放置15-20分鐘，然後用乾淨的布擦拭。這樣可以擦掉部分塗料。

下圖的木頭淡彩粉刷牆面，是在染色的木頭上塗刷稀釋過的乳膠漆，等乾了後，再以砂紙磨過。

稀石灰刮刷法

這個方法可使牆面看似塗過舊式的稀石灰（以前用來粉刷外牆）和白色色膠（以前用於內牆），並且曾經仔細刮洗後的效果。

我研發出來的方法不需要使用硬毛刷子，也不使用稀石灰，就可以使牆面帶有古老外觀，並能與中世紀裝潢中特有的老舊木頭和純樸的牆畫（見下圖）互相呼應。

稀石灰刮刷的牆面裝潢，也很能襯托民族風和鄉村風的室內裝潢，如左上圖的聖塔菲（Santa Fe）風格餐廳一樣。

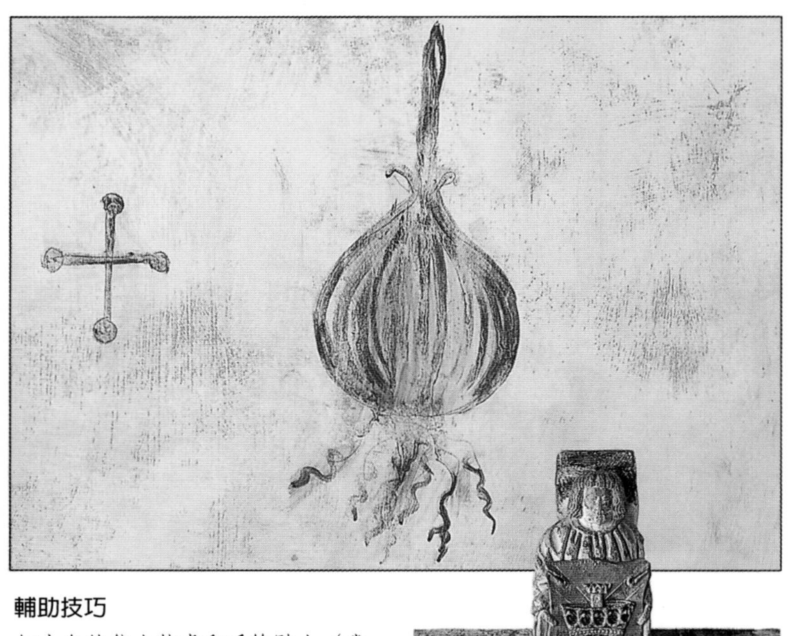

輔助技巧

紅土色的仿古牆畫和手繪騎士（我為其鍍金並上蠟，以製造出古色古香的外觀），是稀石灰刮刷牆面的絕佳搭配物。

想要有不平且看似破損的外觀，可以在油性蛋殼漆底漆上，乾掃一層水性乳膠漆。工業酒精則是用來擦掉部分乳膠漆，造成塊斑和刮洗的效果。

塗底漆

確定牆面沒有灰塵和油污後，塗上一層蛋殼漆，蛋殼漆以1：2的比例加松節油稀釋。這層不需塗得非常光滑均勻，因爲只有部分區域會露出。底漆使用中性顏色，才能確保稀石灰刮刷的效果。右頁的牆面，我使用的是赭黃色的蛋殼底漆；其他適合的顏色還有中褐色和灰粉紅色。

乾掃

乾掃是布景畫家的一項技巧，此處的白色乳膠漆便是用於乾掃上。乾掃技巧很容易學習，但就如同學習所有新技巧一樣，最好先在板子上練習。

乳膠漆塗刷到牆上前，先將刷子在木板上刷一下，使刷毛上的塗料均勻分布。開始時，刷法要輕盈，如微風輕撫牆面，等刷毛上的塗料越來越少，刷法也要跟著越來越重，直到有如使勁刷乾刷子爲止。

收尾

乾了的乳膠漆會變硬，所以不必再上保護層。但如果住家位於高速公路這類交通繁忙的地帶，你可能會想再上一層無光的油性清漆作爲保護。

工具和材料

使用質地優良的裝潢刷，才不會在步驟1-2用力刷時掉毛。黑色的豬鬃刷（右圖）是理想的好刷子。一間4公尺×5公尺的房間，需要約5公升的乳膠漆和2公升的工業酒精。酒精會產生毒氣，所以窗子要打開而且不能抽煙；當然你可以戴上防毒面具，一些DIY商店都有售。

1 將10公分寬的刷子沾點白色乳膠漆，在板子上刷一下，使塗料均勻分布。塗料不多的刷子，隨意在蛋殼漆底漆層上塗刷，逐步增加力道以乾掃法製造塊狀塊斑。

2 塗料乾了後，底漆的塊斑會露出。如果想得到較厚重的質感，可以用上述方法塗上更多塗料等變乾。如果你想要較顯眼的「毛刷」粗糙效果，可省略這個步驟，直接做下一個步驟。

3 將布沾些酒精後塗抹整面牆壁。酒精會使乾透變硬的乳膠漆軟化，使底漆的某些區域露出，並在整個牆面上製造一層白色膜層。在塗抹大片區域時，記得戴上防水手套，以防止揮發的酒精觸及皮膚。

色彩華麗的替代方法

我在桃褐色蛋殼漆的底漆上，同時使用兩支刷子，乾掃紫藍色和紫色乳膠漆後，以酒精用力擦拭，使外觀有極為破損的效果。

釉料粉刷的柔化效果

透明油性釉料是種寶貴的裝潢材料，只要運用最簡單的技巧（將釉料以美術油彩著色），就能爲粉刷過的表面，提供一層柔和的彩色面紗，使外觀豔麗無比。

釉料有調和與柔化的效果（見步驟1-4），能使剛粉刷好的牆面，顯得溫柔並散發老舊風采，如左上圖的牆面；還可使粉刷過的牆面，更加細膩有深度，色彩更爲濃郁複雜，圖例可參見100頁左上圖的中世紀臥房。粉刷過的壁帶，如護牆線和雕刻品，可以用點畫法和擦拭法塗釉以強化效果。

市面上可以買到透明釉料的成品，但是你也可以自己調配（見156頁的配方）。釉料用松節油或松香水稀釋成乳脂濃度，接著用美術油彩調和成顏色濃郁的調和物，釉料的好處是不像塗料般易流動，也不像清漆般易黏。

如果稀釋後的釉料塗刷時太稠，再加些松節油；如果太稀，則再加些釉料。

釉料塗刷後，至少半小時內還可以處理，6-10小時內會全乾。

事前準備

透明釉料的標準底漆是兩層平滑的蛋殼漆，但也可以在印刷品上塗釉，就如我在右頁的示範。表面必須盡可能平滑，因爲釉料會黏在最細微的角落和細縫，使得牆面看起來好像有黑斑，但若是仿古牆面，則沒什麼關係。

仿古顏色

釉料可以和任何顏色的美術油彩混合，但要讓牆面看似老舊就需要使用特定的顏色。這些顏色包括生赭土色（右頁的圖飾牆面和最右邊的樑托，就是使用這種顏色）、赭黃色、黃褐色、深棕色，以及將其中一種顏色添加灰色、白色或黑色後，調和而成的顏色。

清漆和拋光

塗過透明釉料的表面，必須塗上清漆作爲保護，因爲釉料就算乾了還是軟軟的，而且會因爲時間而磨損。

想得到精巧的粉刷效果，要用最細的鋼刷（0000號）在清漆外上一層蠟後，用軟毛除塵刷擦亮表面。

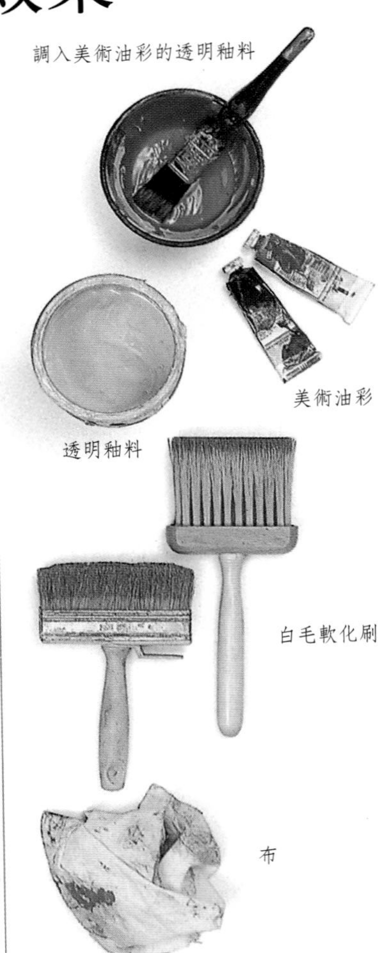

工具和材料

你需要兩把裝潢刷，一把用來塗刷，一把用來調勻。步驟3使用白毛軟化刷或除塵刷。用美術油彩爲透明釉料染色後，釉料看似不透明，但塗刷後會形成一層半透明的薄膜。釉料染色法見157頁。

1 用刷子塗刷染過色的釉料，這時不用擔心顏色均不均勻的問題，因爲釉彩未乾前會重刷。

2 拿一把軟毛且乾淨的刷子，輕輕將釉料、刷痕和顏色不均勻的部位刷勻。完成這個步驟後，釉料的顏色看來會較淡。結束前，用你能想像的最輕力道從表面刷過。

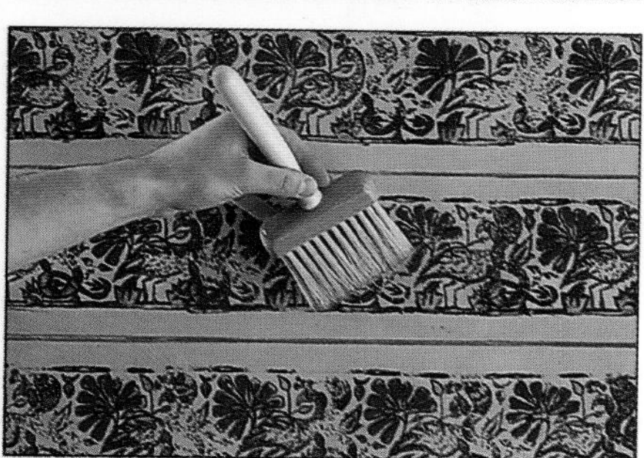

3 以白毛軟化刷或除塵刷，隨意輕撫釉料表面，直到看不到任何刷痕，使得外觀平滑且毫無瑕疵爲止。

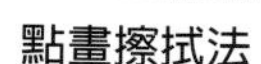

點畫擦拭法

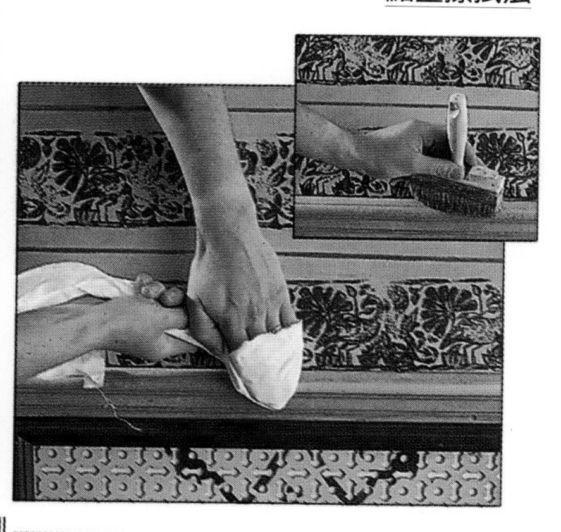

想讓粉刷過的壁帶有濃暗陰影，可以採用自古便有的先點畫再擦拭的技巧。塗上釉料，接著拿一把堅固的毛刷或點畫筆，以90度角度輕輕擊碰釉料，以產生細碎的斑點。用布把手裹起來擦拭凸起的區域，使底層的顏色裸露。

仿古樑托

灰泥樑托的古色外觀，是用透明釉料和蛋殼漆做出的效果。釉料以生赭土色美術油彩染色，先點畫於表層後再擦拭（左下圖說明的技巧）。接著在表面塗一層白色蛋殼漆（以1：4的比例加松節油稀釋），然後用布擦拭凸出的部位。

釉料粉刷的花樣

以美術油彩著色的透明油性釉料，需要時間才能乾化，而且仍有流動質地，這使得它很適合塗刷於彩色底漆上，並弄成碎裂的花樣。

也可以藉由在未乾的釉層上，以拖刷的方式做出不同的效果，還可利用海綿、塑膠袋及布，在表面輕輕做出紋路，或用耙梳的方法製造花樣。

這些方法適合用在家具和大面積的區域（如左上圖法式皇家設計的牆面，就是用拖刷方法粉刷而成）。

透明釉料擁有水彩的半透明質地和色澤，不一樣的是釉料比較容易操弄，因爲它的乾化速度較慢。釉料塗後的半小時到1小時內，你仍可利用刷子、布料和塑膠袋，在釉層上變花樣，這使你有足夠時間可以做出一些細緻迷人的圖案。

刷法讓底漆的顏料露出。至於布紋和「袋紋法」技巧，我是在紅色底漆外塗刷紅色釉料。

這些方法的顏色搭配原則，主要是依據房間的氣氛，以及粉刷物件的格調，但是應該盡量避免底漆顏色和釉料顏色有刺眼的對比效果。

表面裝飾

拖刷和做出紋理是處理牆面、門、護牆板和家具的有效方法。拖刷法是使舊家具變得活潑動人的方法，若以海綿取代塑膠袋或布（後者可做出生動花樣），可使外觀變得溫馨柔和，尤其是牆面外觀。

顏色選擇

在左上圖法式皇家書房的牆壁上，我先塗上淡紫色蛋殼底漆後，再塗刷深藍色釉料（釉料調色法見157頁），然後用鞭刷以拖

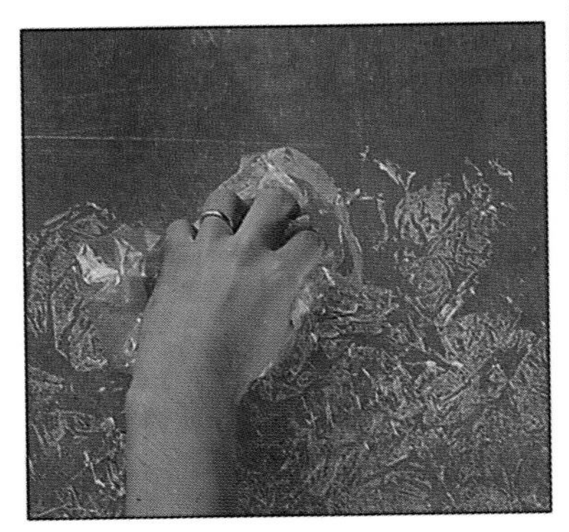

「袋紋法」 以塑膠袋輕拍濕潤的釉料，做出活潑花樣。想有更戲劇性效果，塑膠袋可先沾些松節油。

透明釉料

除塵刷

油漆刷

松節油

深藍色
美術油彩

紅色
一般顏料

鞭刷

工具和材料

透明釉料可以購得，也可以依照156頁的方法自己調製。為釉料調色的方法見157頁，不論是添加美術油彩或一般顏料都可以。拖刷法要使用鞭刷或長毛刷。你也可以用除塵刷代替步驟2布紋法昂貴的白毛軟化刷。

釉料粉刷的花樣

1 在蛋殼底漆外，均勻塗刷一層薄薄的、染過深藍色油彩的透明釉料。

2 以除塵刷或軟化刷上下刷抹釉料，使釉料軟化並讓釉料分布更均勻。

3 拿一把酒精水平儀靠壓在剛漆好的釉料層，以得到一條直線，或用鈍頭鉛筆輕輕畫一條線。

4 用鞭刷或長毛刷，順著直線慢慢拖拉釉料，整個刷毛都要靠著牆面。

布紋法

1 釉料塗在乾了的底漆上。用布或皮革在剛漆的釉料上滾動或輕拍，做出碎裂的效果。

2 釉料放乾半小時。接著用白毛軟化刷的尖毛輕撫表層，直到圖案變得隱約朦朧。

耙梳法

以鐵刷或橡膠刷在剛漆的釉料層上拖拉，做出條紋圖案。想有木紋的效果，要把刷子以直角或銳角交叉的方式將刷痕做出。

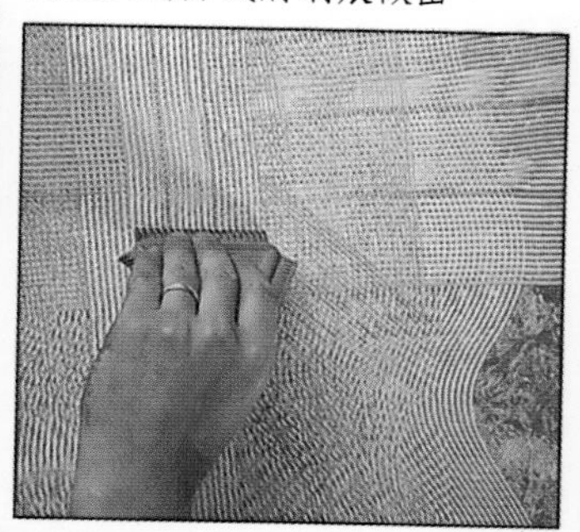

為木頭塗上石灰

塗上石灰的木頭有著柔美白色的光澤和精細似木紋的表面，既適用在家具和小物件，也適合較大面積的區域，就像左上圖中的鑲板一樣。

塗石灰緣起於16世紀的歐洲，當時的家具和鑲板清理後，為了防止蟲蛀，便塗上一層含有熟石灰的腐蝕性漿糊。白色顏料留在木頭的氣孔中，使人有了裝飾的聯想。到了17世紀時，塗石灰成了一股風潮，但卻也成了有害石灰匠健康的夢魘。這種腐蝕性漿糊會腐蝕工人的手指和指甲，產生的毒氣更大大縮短工人的生命，幸運的是，今天已有毒性較低的材料。

為木頭上石灰時，最常用的材料是以蠟和色料調成的無害混合物：石灰蠟。你可以用家具亮光蠟和白色顏料自己做（見157頁），也可以買現成品。

事前準備

只有裸木可以塗上石灰，事前需要先為裸木塗上蟲膠砂光封漆。已塗有清漆或有染色的木頭，須先剝掉清漆或漂白，可以用1：10比例的醋和水混合液清洗，接著再輕輕順著木紋的方向以砂紙磨平後塗上封漆。

適合的木頭

只有部分木頭塗抹石灰的效果會好看。開放式木紋最適合，順著木紋會得到抓痕般的花樣。這類木頭中又以橡木的效果最好（如左上圖中的鑲板），其次是白楊木。雖然松木不是開放式木紋，但如果你用鋼刷在木頭上先刷出紋路，也可以塗上石灰，但是刷木紋的力道要比步驟1還強，因為步驟1只是把橡木的原有氣孔刷開；然後進行步驟2和步驟3。此外，雕刻過和具有破損感的松木，也可以塗上石灰。

青剛木太硬又是封閉性木紋，不能用鋼刷處理，但可用白色蛋殼漆以1：4添加工業酒精稀釋後的液體清洗木頭後，擦去對木頭產生影響的區域，便可使青剛木產生塗過石灰或漬泡過的感覺。

替代方法

某些耗損大的區域，如地板和工作檯，不太可能在石灰蠟外塗保護性清漆，因此我們可用水和白色顏料的調和物，製造出塗石灰的效果。依照步驟1-3塗刷，放乾後塗一層蟲膠砂光封漆，乾了後再塗一層清漆即可。

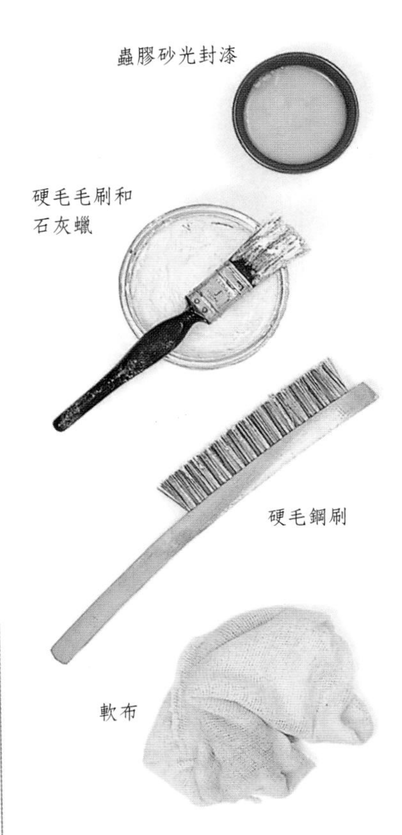

工具和材料

用硬毛鋼刷刷開木紋前，先以快乾蟲膠砂光封漆封住裸木。毛刷用以塗刷蟲膠漆和石灰蠟，前者的毛刷需以酒精清洗，後者的毛刷則以松節油清洗。石灰蠟可以買現成品或是自己調製（見156頁）。你會需要一些軟布來擦掉過多的石灰蠟，並擦亮表面。

1 處理過的木頭以鋼刷刷開木紋，力道要穩才能刷開。如果稍後發現刷得不夠用力，木頭吃石灰吃得不夠的話，就再以鋼刷刷過。刷時要順著木紋方向，如果不是，就會出現橫刮木紋的白色抓痕而破壞效果。

2 以硬毛刷塗抹石灰蠟，採旋轉式的塗法才能將蠟抹進木紋裡；你很快就能看出木孔吃白蠟的效果。一次塗抹一個區域或半平方公尺，此時無需擔心重複塗抹的區塊。

3 放置10分鐘，等蠟稍微硬化。將厚布扯平包住手指，以旋轉方向抹掉多餘的石灰蠟。布面拉平是爲了避免它深入木紋，使裡面的蠟被擦掉。15分鐘後，用乾淨的布擦亮表面。

塗了石灰的松木 這個新的松木地板是上過淡彩稀塗料後（見50-51頁），以水和顏料的混合物做出的塗石灰效果。

潑灑法

潑灑法只要稍加練習就能熟練，而且可以為牆面、家具和小型物件增添點狀的塗料裝飾。以沾滿塗料的畫筆敲擊木棍，使塗料飛灑到家具和其他大型區域上，並在表面形成小點。塗料灑得越多，效果就越搶眼，尤其是塗料的顏色不只一種時。

左上圖番茄紅牆面所形成的奇異效果，是先潑灑黑色釉料後，再潑灑金色塗料而得。塗料也可以密集潑灑，仿製成斑岩（一種紫色岩石）和花崗岩花紋，你可以參照右頁的圖例。

墨水和清漆除了粉刷和上光外，還可用於潑灑。使用的刷子不同，加上刷子沾吸塗料的程度不同，效果也會不同。小型物件可以使用牙刷和油印筆，塗料也需要稀釋成奶狀濃度。

仿製花崗岩的花紋，黑灰色底漆外先潑灑灰色，然後再潑灑白色乳膠漆；仿製斑岩的花紋，在銹紅色底漆外，先潑灑紫色、黑色，然後潑灑粉紅色塗料。

控制斑點大小

由於是用敲擊刷子的方式潑灑塗料，形成的斑點會更細緻。每次以刷子吸飽塗料後，先在布上潑灑塗料，直到斑點的大小是你要的為止。然後潑灑到欲粉刷的物件上，接著重複步驟。如果想降低刷子的振動幅度，可用織品將木棍包起來。

事前準備和清漆

表面不論漆過或沒漆過、平坦或不平坦，都可採用潑灑法。潑灑法很容易弄髒環境，一定要覆蓋防塵紙，並戴上面罩保護眼睛，若皮膚較敏感，一定要戴上手套。只塗過透明釉料的表面，潑灑前須先塗清漆。若想掩飾不平坦外觀，可塗無光清漆；若想有亮麗成品，則可用亮光清漆。

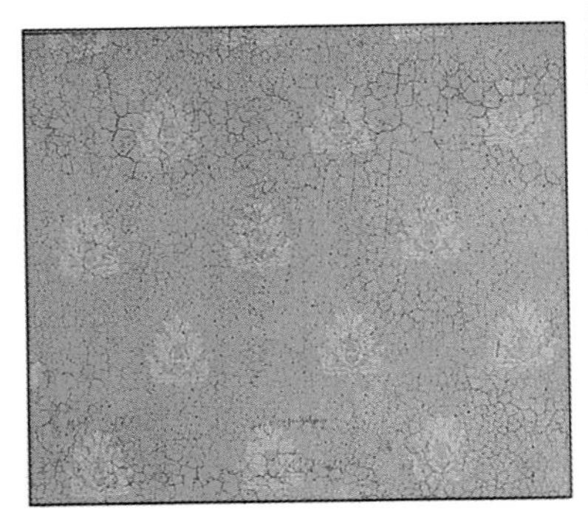

紙類「仿古」 要讓新壁紙有仿古效果，可以先上光後，利用潑灑法做出龜裂的效果（見66-67頁）。

工具和材料

你需要刷子和潑灑用的木棍，刷子選用舊的，敲出凹痕時才不會心疼，木棍是用來讓刷子敲擊的。以美術油彩為釉料染色（見157頁）。美術材料店有售金色塗料。小的物件可以用小型硬毛刷潑灑（牙刷很理想），以及美術油彩著色的油性清漆（我在右頁使用的是油彩）、墨水和染過色的釉料或塗料（可能需要稀釋）。

1 潑灑前，讓刷子吸飽釉料後，對準布輕輕甩掉多餘塗料。握住刷子讓刷子和牆面平行，以刷子的箍環（包住刷毛的金屬圈）敲擊木棍，釉料就會如雨點般飛出。重複以上動作，直到整個牆面均勻散布圓點；圓點稀疏的部位可以重複潑灑。

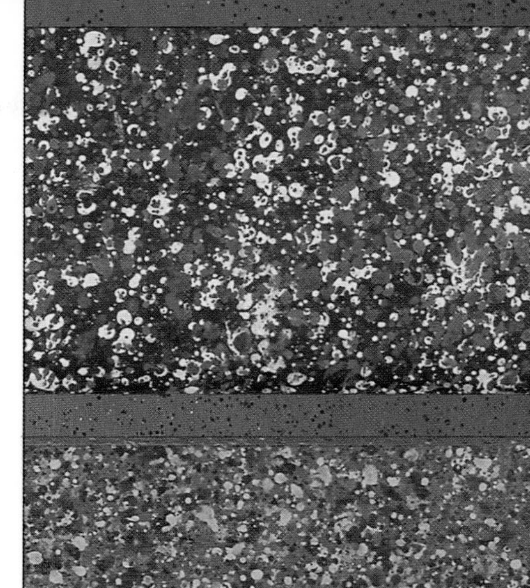

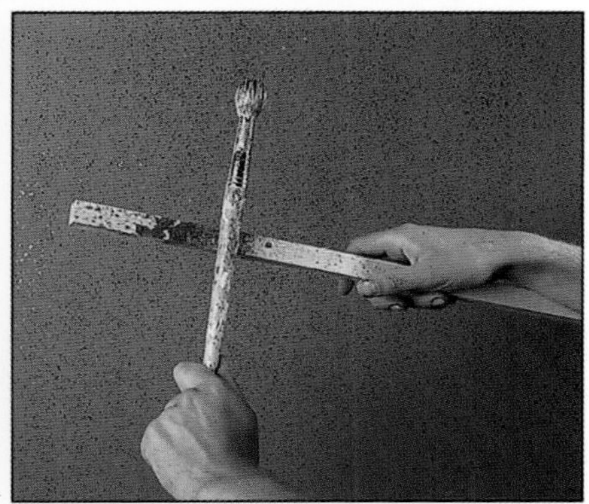

2 等黑色釉料乾後，用較小型的刷子稀疏地潑灑金色小斑點。如同步驟1，每次吸飽釉料後，先輕輕將刷毛上多餘的釉料甩到舊報紙或布上，才能開始對著牆面潑灑。

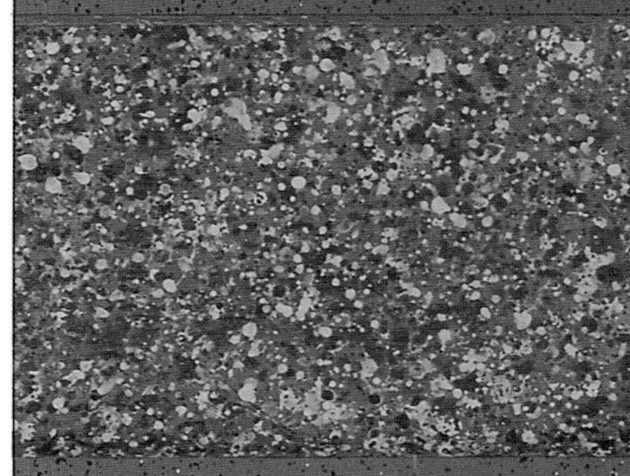

小面積潑灑法　以牙刷或油印筆的尖端，沾點染過色的清漆或塗料，再用手指撥動刷毛潑灑。

催舊與仿古

催舊與仿古的技巧，是爲了能在完成品上，無論是畫作、木頭、灰泥、塑膠、鐵器甚至是紙類，仿製出古色古香的效果。儘管想使新製畫作或灰泥製品帶有古色外觀的想法看似奇怪，但是復古粉刷的確能讓裝潢設計更爲親切溫馨、成熟穩健，並讓新製物件和眞正的古物形成和諧感。

本章節包括利用蠟或釉料使物件外觀散發古色光澤的方法；如何快速催舊新的畫作、新的灰泥品和石灰牆；還有如何在畫作上製造出龜裂效果。本章節的前三項技術可以單獨使用，也可以依照他們的章節順序合併使用，以製造複雜效果。

這個新製的灰泥鑄物，是用蟲膠漆和石灰蠟做出的復古效果

樹脂鑄造的騎士是用64-65頁的方法仿古，並利用68-69頁的蠟料催舊法

裂紋漆是用來製造細碎的網狀裂紋，潑灑暗褐色的墨水是為了模仿小污點

利用細小的褐色漆點，使搖擺木馬擁有古色古香的外觀

利用復古蠟料降低木製燭台和染色油氈紙的顏色

左圖，木漆催舊；下圖，龜裂粉刷

木漆催舊

舊家具或新舊家具混合的室內設計，常無法讓較舊的家具和室內建物如門、護牆線、踢腳板、鑲板的面漆等，產生視覺上的整體效果。

常用的解決方法是將室內建物和家具改造成看似磨損、褪色的樣子，使得房間裡的所有元素在外觀上有一致感。

製造褪色外觀的方法其實很簡單：利用蠟作爲固定和磨損底漆步驟的結合媒介。我在這裡使用的是北歐古代特有的藍綠色，當然也可以採用其他漂亮顏色（如21頁右上圖）。

這個方法的最大樂趣在於新舊木材都適用。當然，必須使用事先處理過的木材：舊的松木家具要先去除表面的亮光蠟，塗上松節油或松香水後，再用強力清潔劑清洗；如果家具上過清漆或面漆，可以先用砂紙磨掉大部分的塗裝，使表面看起來較爲協調；但是更好的做法是完全除掉塗裝。

使用水性塗料

這個方法使用的是水性乳膠漆，雖然它不是現今處理木材的慣用塗料，但卻曾經是傳統的一般選擇。以前的家具大多使用水性塗料，如醋或啤酒爲底的塗料、酪蛋白（乳液般的牛奶衍生物）化合成的塗料，或灰泥塗料（石灰粉與膠水混合成的顏料）。

成品的外觀看來錯綜複雜，會讓人誤以爲使用的是複雜的技巧與材料，其實並不難。你不必擔心乳膠漆裡的水分會讓木紋產生疙瘩或起毛，因爲後面還有砂紙拋光的步驟。

上漆步驟

這個步驟會讓木頭產生瑕疵、剝落和老舊的外觀，但爲了避免木頭眞正惡化，必須塗上一層保護漆，或以家具亮光蠟使漆面光滑亮麗。

你可以依照右頁的木材上漆步驟來做木漆催舊的效果，也可以再依照66-67頁的方法，進一步提升效果。

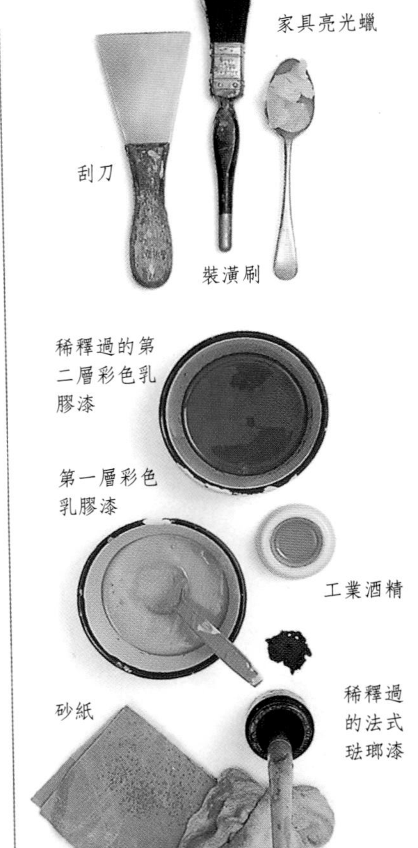

工具和材料

用家具亮光蠟或修護膠作為製造瑕疵和剝落效果時的抗媒，手邊準備充足的布和砂紙（100號和220號）。法式琺瑯漆要先用工業酒精稀釋。

1 塗一層棕褐色珐瑯漆（以1：2的比例和工業酒精稀釋），使木頭有微暗的陳舊色澤。勿使用木頭染色劑，會滲入塗料中。

2 等珐瑯漆乾後，用小刷子點畫一滴滴的亮光蠟或修護膠，再用小指順著木紋方向，延展蠟料或膠料。

3 至少放置12小時讓蠟變乾，然後塗刷一層乳膠漆，力道要輕，才不會將蠟刷掉。

4 讓乳膠漆放乾，可能要放置1天以上才會乾透。全乾後再塗刷第二層彩色乳膠漆，乳膠漆以1：3的比例稀釋。

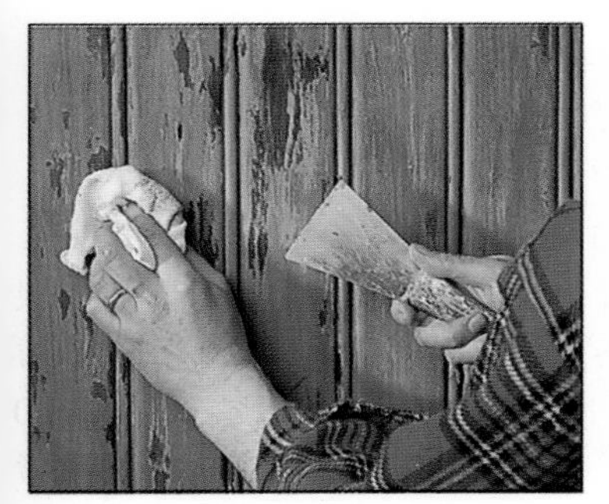

5 半小時後便可讓底漆和珐瑯漆露出。用刮刀刮除頑強的蠟斑或修護膠，並用布盡量抹掉。

6 爲了讓木緣更爲平滑，並去除過多的塗料，使木面外觀更有整體感，可先用100號砂紙小心磨過，再用220號砂紙拋光。

額外修飾

你可以完成步驟6就結束，或者可再進一步塗上一層原綠色（用1：4的比例加水稀釋），或塗上自己調配的顏色，以得到更細緻的效果。

龜裂效果

多數新粉刷的家具、物件和鑄物，甚至某些粉刷過的古物件（如左上圖的床頭），都可利用龜裂效果（細碎紋路）增添陳舊褪色的風采。龜裂效果創始於18世紀的法國，靈感來自進口的東方陶瓷和日本樂燒陶（*Raku* pottery）的上漆效果。

若想增添龜裂效果的古典感，可先在表面輕輕潑灑小污點，就像我在這兩頁背景的壁紙上做的一樣（譯注：*Raku*日文全文*Rakuyaki*「樂燒」，屬於軟質陶器，「樂」是姓氏，始祖是樂長次郎）。

龜裂紋路是由兩種塗料交互作用而成，這兩種塗料在市面上是成組販售的。第一種是具有韌性的慢乾漆，第二種是易碎且快乾的水性塗料；使用上的技巧，端視你能否掌握第二層塗料的塗刷時間。第二層應該在第一層塗料還帶有些微黏性時塗刷。兩種塗料交互作用而成的裂紋，除非灰塵跑到裂紋裡，否則裂紋會細到肉眼幾乎無法察覺，因此可在表層塗一層染色釉料之類的染色劑，見右頁的步驟3-4。

應注意的是，龜裂效果並不適合用在刻紋很深的雕刻物上，因爲塗料會淤積，而且乾化的速度不一致。

小污點

1 想在龜裂效果或任何粉刷效果上製造小污點，可以用油印筆在表層潑灑墨水。

2 待2分鐘後，以具有吸水性的布輕拍墨水痕跡，但不要弄髒，如此就能留下柔和且帶有顏色的環型。

工具和材料

市售的裂紋漆是兩瓶成組販售的（見140頁），一瓶是油性漆，通稱為復古漆；另一瓶是水性漆。想自己製作效果良好的裂紋漆，方法見156頁。透明釉料以1：1的比例添加土色系美術油彩染色（這裡使用土綠色和生赭土色的油彩），作為裂紋的染色劑，並以水性墨水和牙刷製造出污點效果。

1 使用軟毛刷，最好是貂毛的，塗一層油性裂紋漆。請塗成既均勻又薄的漆膜，以確保乾化的時間一致。稍微放乾到表面微帶黏性後，立刻進行步驟2（進行步驟1前，可以先測試，並拿捏乾化的時間）。

2 用雞貂筆塗上大量的水性漆，記得要將第一層完全覆蓋住；放乾大約需1小時，此時裂紋會浮現。需要的話，可用吹風機吹乾塗料，以凸顯出裂紋。

3 為使裂紋顯現並催老塗料，表層塗抹一層染過色的釉料；可利用手指或布塗抹。這個步驟以土色系的仿古效果最好。我使用土綠色和生赭土色油彩的調和色，但你也可嘗試較亮麗的顏色。

4 用布擦掉大部分的釉料，小心不要連裂紋裡的釉料也擦掉之後，便放乾數天。由於第二層塗料會吸收水分，所以應塗一層油性清漆加以保護，或用潮濕的海綿擦掉塗料，這樣就會只留下裂紋裡的顏料。

仿古

這個方法是以一種半透明的仿古媒介(釉料或蠟),爲粉刷過的表面施加催老咒語。釉料或蠟料調以中性、黯淡的顏色,通常使用褐色,象徵經過多年的保養擦拭後,沉積於表面的灰塵與污垢。

藉由降低色度和強調磨損與刮傷的區域,粉刷後的木頭將散發歲月催老後,慣有的成熟風韻。

右頁新的松木護牆板,是先經過催舊粉刷(見64-65頁)後,再上釉仿古;至於左上圖的木紋鑲板則屬於上蠟仿古。

不同於一般的準備原則,木頭表面越粗糙,效果越好。原因是仿古的媒介物越能深入刮痕、釘痕和木紋中,使得成效更好。如果外觀嶄新,可先砂磨或以鋼刷磨過,或者先處理成有瑕疵或裂痕的外觀(見66-67頁)。

爲平滑表面做仿古處理時,請參考54-55頁的釉料柔化法。

蠟與釉料

選擇哪一種材料,決定於你想要的粉刷效果和實際考量。在表層上蠟,可以磨出發亮的古色外觀;蜜蠟可以用油彩或色粉著色,拋光後蜜蠟不但散發甜味,還可以保護表面。

另一方面,釉料仿古的透色效果最佳。但釉料需要加塗一層保護膜,因爲釉料乾透後硬度不夠。至於高耗損度的區域則還要加一層油性清漆,若想增加顏色的深度,可選用油彩染色。

其他仿古方法

想要較不透色、灰暗的外觀,可在粉刷過的表面塗刷乳膠漆(以1:4比例加水稀釋)的稀塗料,或塗刷一層蛋殼漆(以1:4比例加松香水稀釋)的塗料。

「古早的」塗料 在護牆板上先塗藍色蛋殼漆,再塗上稀釋過的灰綠色蛋殼漆,以呈現老舊灰暗外觀。

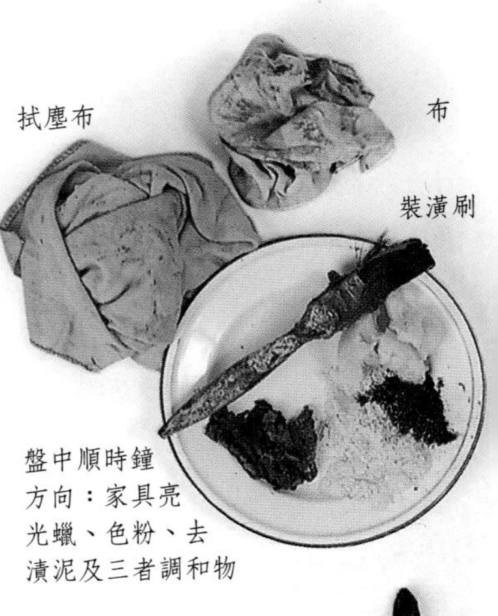

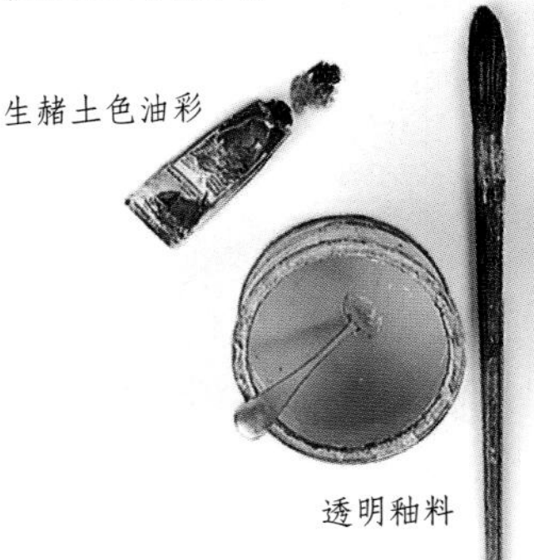

拭塵布

布

裝潢刷

盤中順時鐘方向:家具亮光蠟、色粉、去漬泥及三者調和物

生赭土色油彩

透明釉料

長毛雞貂筆

工具和材料

最能代表灰塵污垢的顏色是生赭土色和赭黃色。要調製仿古釉料,需將油彩以1:8的比例加透明釉料調配。釉料需慢慢加入油彩中調和(見157頁)。調製仿古蠟料時,一點點油彩、色粉、去漬泥和家具亮光蠟,再加上一些松節油一起調和,去漬泥可以換成磨成粉的腐石(見144頁)。色粉毒性極高,請依照149頁的安全指示使用。使用硬毛刷,如長毛雞貂筆,將仿古塗料抹進凹處。

使用釉料

1 塗刷仿古釉料要仔細在整個表層塗一層薄膜，注意每個細紋和裂縫都要塗進釉料。這裡使用長毛雞貂筆或小型裝潢刷。

2 謹慎抹擦潮濕的釉料，採用旋轉的手法，且要不時將布面調整至乾淨處。目的是製造可隱約露出粉刷後的表層顏色，但是釉料仍要留在凹處。

收尾 要保護釉料乾化後的表面，可塗一層消光油性清漆，或抹一層家具亮光蠟。想使表面更為古舊，塗保護層前，先用油彩將塗料或蠟料染色。

蠟料的使用

1 塗刷仿古蠟料的方法和塗刷釉料一樣，皆須填滿凹處和塗滿表面。

2 10分鐘後，擦去大部分的蠟料，只留下一層薄膜。小心不要抹掉凹處的蠟料。

3 放置1天後，以除塵布將表層抹亮，便可得到閃耀古色光彩的成品。這個方法可以單獨使用，也可以用在乾化後的仿古釉料上，增添顏色的深度。

灰泥鑄物仿古法

白色灰泥鑄物可能帶有粉狀和硬梆梆的質地，需要我們小心的處理。要替飛簷、壁龕、鑲板或右頁將被仿古處理的鑄物（亦即左上圖中，吊在畢德邁式臥房上的燈罩）換一個樣貌，是既容易又快速的事。

只需要少許的材料，你就能爲它們換上高雅古典的裝扮，使它們散發如大理石或雪花灰泥般的晶瑩光彩，而且效果美到讓你有勇氣尋訪更多的灰泥作品，改裝成家中牆面的展示品，讓它們作個稱職的藝術品。

以模型鑄造灰泥鑄品時，蟲膠漆一般是作爲脫模的媒介，然而此處的蟲膠漆，卻是用來爲嶄新，而且未上色的灰泥物，添加色彩。

材料如何作用

選用這些材料的目的和樂趣，在於材料乾化的速度很快。蟲膠漆在幾分鐘內便會硬化，石灰蠟則不到半小時。蟲膠漆的部分成分可溶於水，所以像灰泥這類鑄物，如果經過浸濕，便會吸收蟲膠漆，得到柔和且無光的外觀。如果你塗過第一層蟲膠漆後不久，便塗刷第二層蟲膠漆（步驟2），乾透後的外觀會散發帶有飽和色彩的光澤。

方法的選擇

蟲膠漆從褐色到橘子色都有。也可使用法式琺瑯漆（見141頁），或利用油彩爲石灰蠟著色。

上過色的灰泥必須先脫色，才能用本節教授的方法。這個方法頗爲耗時，因此你也可以在塗過乳膠漆的表面應用此法，做出與此頁成品相近的效果。蟲膠漆和工業酒精以1：2的比例調和後，依步驟2的方法節約塗抹。接著依照步驟3-4的方法處理，但請不要期待做出的成品光澤和色度會一樣。

灰泥製品換裝　依照步驟，把上圖左邊的新製白色灰泥物，轉換成右邊閃耀著柔美光澤的仿古灰泥物。

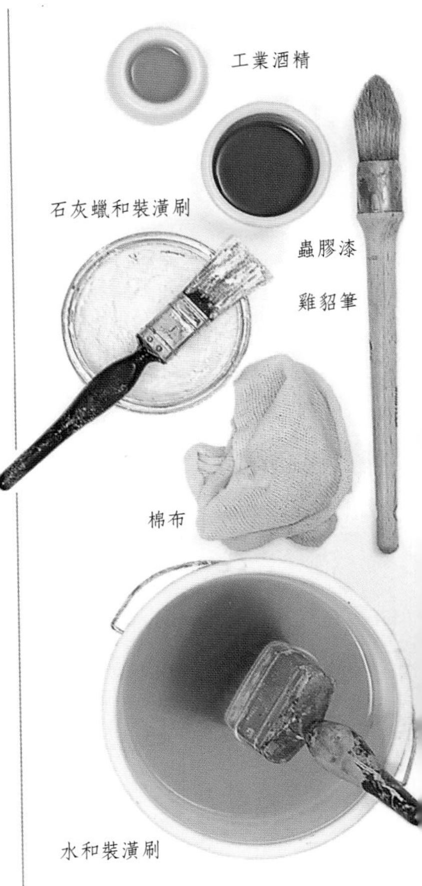

工具和材料

石灰蠟可以買現成品，或自己調製（見156頁）。至於蟲膠漆有好幾種等級，選購黏稠的褐色種類，並且以1：1的比例加工業酒精稀釋後，會比較容易塗抹，顏色也會較淡。塗抹蟲膠漆要用尖頭畫筆，如貂毛雞貂筆（見124頁）。

1 除非你的灰泥品剛做好不久而非常潮濕，否則塗蟲膠漆底漆前，必須先將表面弄濕。將刷子沾水刷塗表面幾次，使其濕潤；水滲入的速度會快到讓你嚇一跳。如果是飛簷，一次請處理一面牆的飛簷，並要記得鋪上塑膠布以保護房間。

2 趁灰泥還潮濕時，用硬毛刷點刷和撫刷表面，把稀釋的蟲膠漆刷進刻痕裡（避免使用大幅度的刷法，會出現刷痕）。只塗一層蟲膠漆，會得到斑駁無光澤的外觀，如果你想要外觀色澤深濃發亮，第一層塗好幾分鐘後，立刻塗上第二層。

3 蟲膠漆放乾10分鐘後，塗上石灰蠟。應確定每個角落和細縫都有塗到，否則成品會既醜陋又有黑黑的「小洞」。將多餘的蠟料刷到新的區域，以確保蠟層均勻，你也可以利用松節油稀釋表層的塗料。

4 要立即以有吸收力的布，如棉布，擦去凸起區域中的部分蠟料，並讓裡面的蟲膠漆露出。若是面積較廣泛的平坦區域，可以利用布料輕拍以製造花樣，並把大部分的蠟料拍掉。至少放乾半小時到1小時，隨後拋光。

灰泥牆催老法

破壞並毀損一面平滑無比的牆面，雖然看似有違常理，但卻可能會創造出非常好的效果，並替整個空間添加質感和特色。

左上圖的澳洲風格陽台上的碎裂牆面，不僅給人華麗頹廢的感覺，而且與擺設有著非常完美的搭配（參見100頁的法式中世紀臥房與46頁的威尼斯風格工作室）。如果你家沒有教人讚嘆的頹廢美感，可以考慮運用這個方法，為餐廳、臥房或走廊，添加一些戲劇的表情。

這項以蠟料作為「絕緣塗料」的技巧，有點類似64-65頁的用法。將加熱過的蠟料抹上灰泥之前，先塗抹在嵌板上，這樣可以防止灰泥層黏附。然後隨意刮去乾化的灰泥，以製造出碎裂的外觀。

事前的牆面處理

無色或有色的灰泥牆，都可以塗刷灰泥。由於底層顏色會從刮除的區域露出，所以為了獲得中和的顏色效果，牆面的顏色要和灰泥的顏色一樣。

在塗蠟料之前，先在牆面上塗一層以聚乙烯樹脂1：1比例加水稀釋的混合塗料。

灰泥的選擇

這個方法使用的是白色灰泥膠泥（面漆），它的好處是定型的時間較慢，而且是白色的，所以可以添加色粉染色（見157頁），或者在乾化以後，塗刷淡彩稀塗料（見46-49頁）。依照罐上說明書的方法調和灰泥和水，並加入1%的聚乙烯樹脂，使灰泥能黏附在牆面。

塗刷灰泥

灰泥層只需幾公釐的厚度，所以是相當輕鬆的工作。若你塗過灰泥，就會了解要塗成平滑的外觀是件很難的事。所以這個方法的優點是，瑕疵在此竟然成了優點。至於使用泥刀的祕訣，是將它稍微提離表面，這樣在移動時就只有刀後緣會接觸到。

替代面漆

除使用灰泥外，還可使用質地平滑的聚乙烯樹脂接合面漆，這種塗料比裝潢用的灰泥面漆更容易運用。這種質地平滑的塗料乾透後，是以剝落而非碎裂的方式，質地看來較不會那麼粗糙。

工具和材料

將聚乙烯樹脂作為封漆以保護表面，用量為總容量的1%，並加入水和灰泥膠泥面漆一起調和。泥刀用來塗灰泥，如果是大面積的區域，你會需要一把泥夾板（可以手拿的調灰泥工具）。應注意的是，進行到步驟5時，必須戴上眼罩，因為灰泥會四處飛揚。

1 將聚乙烯樹脂和水以1：1的比例調和後封塗牆面，並將其放乾。這裡我先塗了一層彩色背景，但這不是必要的。

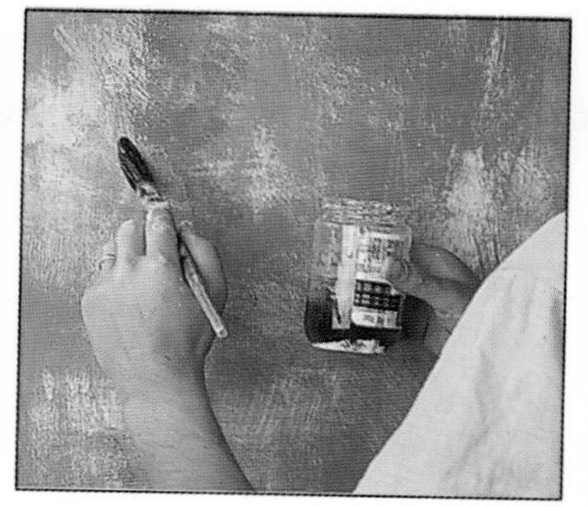

2 將分量各一半的蜜蠟和松節油隔水加熱；等混合物冷卻後，隨意刷塗至牆面。

3 趁蠟還沒變硬前，用泥刀抹上灰泥，以弧形方式塗抹，直到整個牆面覆蓋一層薄薄的灰泥層。

4 等灰泥一開始定型，便以刷子塗上大量清水，並用潮濕的泥刀抹除凸起的區域和明顯抹痕。

5 灰泥放乾1天後，用鐵鎚或木槌敲擊塗過蠟料的區域，使灰泥鬆動，接著刮除此區灰泥。

6 用砂紙輕輕磨平表面，使區塊邊緣柔和，並磨去不要的工具遺痕。塗上由聚乙烯樹脂和水以1：4比例加水稀釋而成的保護層。

僞造效果

僞造或仿製的效果可以改變外觀，使人誤以爲是別種質地。本章節說明各類僞裝技巧，包括僞裝成石頭、大理石、木頭、銹鐵、黃金，甚至皮革的材料。並且也說明了何時可以應用這些技巧。

連帶說明的還有普通材料之間的「連結」，如連結塑膠、硬質纖維板與華麗裝潢的方法；另外，仿製的粉刷效果可以爲房間提供意想不到的元素，如帶有黑鉛效果的牆面，或外觀看似布滿灰塵的赤陶色踢腳板。

木頭壁帶和塑膠飾品上的金箔，可以隨意鑲貼，顯露出裡層塗料的顏色

運用砂子營造出假的生銹多砂質地

以乳膠漆做出的石頭樣貌

以自製淡彩處理的木紋效果

以特殊顏料做出皮質效果的板子，參見80頁左上圖的牆面鑲板

下圖的黃色西恩那大理石和底圖的褐色化石大理石，都經過極複雜的粉刷處理

灰泥粉刷過的塑膠飾品

上圖的赤陶色效果和右圖的銅綠效果，是以精確的顏色和隨意塗刷的塗層做出來的

瑟琳娜石

石頭的質地最能爲房間添加質感和分量。但是，其實不需要使用眞的石頭，因爲所有材料我們都可以幫它披上幾可亂眞的石頭外衣，包括木頭、塑膠和灰泥（如左上圖的佛羅倫斯風格房間）。

這裡所模仿的石頭是瑟琳娜石，它是種粗切的大理石，經年累月後，從灰色轉變爲柔美的生赭褐色。

這種石頭曾經是佛羅倫斯文藝復興時期的主要建築材料，它獨特的顏色（裝潢者常將其仿製於室內灰泥和石雕藝品上），可爲室內設計添加義大利的誇飾風格和歷史意味。

瑟琳娜石的特點在於柔美的顏色、變化多端的紋理和淡色條紋，這些都可以仿製於一般材料上。

想要仿製瑟琳娜石的顏色，必須先塗一層深灰褐色蛋殼漆底漆。如果找不到適合的顏色，可以將深灰色蛋殼漆，慢慢加入赭褐色蛋殼漆中（如果你的調和順序是相反的，得到的顏色會過於憂鬱陰冷）。其實只要正確的上底，蛋殼漆也可以用於大多數物品表面。

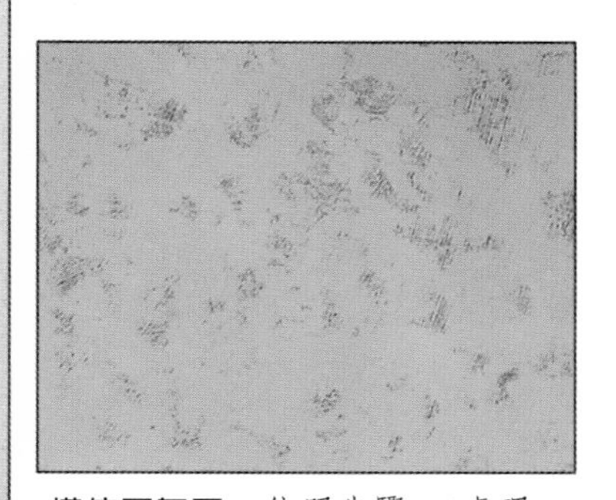

模仿石灰石　依照步驟1-4處理，這次我們使用質地如乳脂般的灰褐色漿糊，以得到石灰石的顏色。

石頭質地

模仿質地磨損的石頭表面，要先塗一層厚厚的漿糊層，漿糊是用淺灰色乳膠漆和白堊粉調成，等乾了以後再用工業酒精擦拭。

這可以使某些最凸起的漿糊質地稍微軟化，同時擦除其他區域的漿糊，使平滑的蛋殼漆底漆一塊塊露出，代表石頭露出或凸起的部分，因磨損而變得極爲光滑亮麗。

最後添加細麻繩來模仿石頭的白色條紋。表層塗一層無光的油性清漆以保護成品。

工具和材料

以蛋殼漆作為底漆，再將乳膠漆加水稀釋，製造出石頭般的條紋。製造紋理的漿糊是用乳膠漆和白堊粉混合而成：將白堊粉加入，直到整個混合物看似零碎而且凝固，有點像結冰的奶油塊（可以堆積的狀態）為止。用裝潢刷塗刷底漆和漿糊，運用劍筆或線筆（見124頁）來做石紋。

1 在深灰褐色的底漆上，塗一層厚厚的漿糊製作紋理。塗刷時要將刷子用力拉起，以製造出凸起的紋理，接著放乾。如果環境比較潮濕，可能要放2天。

2 將布用酒精沾濕，捏成一團後，採旋轉動作，用力擦拭表面。工業酒精會將凸起的漿糊軟化，看起來像是不平磨損的石頭；而且也會在適當部位暴露出平滑的灰褐色底漆。

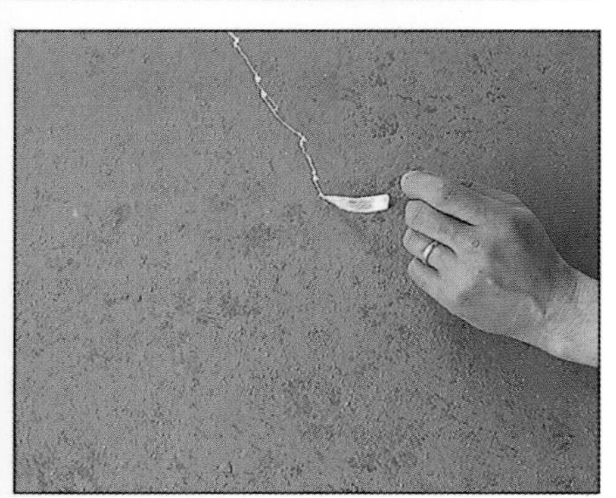

3 以劍筆（或線筆）畫過表面，製造細線和斷裂的石紋。將白色乳膠漆以1：1的比例加水稀釋成塗料。

4 用劍筆自然的在某些區域留下淤積的塗料後，立即用手指輕拍這些區域，其他部分則留待半乾後再用手指輕拍，以留下白色塗料的圓形外觀。這種隨意使線條軟化的方式，會讓線條看起來像是從石頭內部跑出來的。

砂石

這項技巧是依照18世紀時，將外牆的塗料運用方式，仿製至室內的方法。不過，早期這種方法是爲了能在雄偉宅邸的巨大玄關和空曠樓梯間中，仿製出砂石類材料的效果，這項技巧運用在一個不是太大的房間中，可以有更細膩的效果，可以近距離端詳。

完成右頁的步驟後，會呈現出一片粉狀並帶顆粒狀的牆面，不論外觀或感覺上，都會跟我們所要模仿的砂石感很像。我將這項技巧運用在左上圖蘇格蘭風的房間牆面，成果不但讓人覺得有趣，帶來的戲劇性效果也增添了房中的氣氛。

砂石和灰泥線　這面砂石牆不論遠觀或近看都非常精細，而且跟真的一樣。乳膠漆被運用在灰泥線上。

首先用白色乳膠漆在牆面上塗一層底漆；如果牆面已塗成白色，先確定牆面是否乾淨、塗料沒有剝落。

如果你打算塗一層新的底漆，大可用草率趕工的方式塗刷，因爲進行到步驟2-3時，大部分的底漆會被乳膠漆和釉料蓋住。

紋理和顏色

如80-81頁的皮革效果一樣，砂石效果也是用一層層厚厚塗料做出的紋理效果，而染過色的透明油性釉料則可強化紋理效果。

稀釋過的蛋殼漆可以用來爲顏色加一層薄薄的面膜，緩和上一層塗料的顏色，使結果更爲逼眞。將牆面稍微以砂紙搓磨，讓某些區域的裡層顏色露出。

保護

步驟4使用的稀釋蛋殼漆，會保護裡面的油性釉料，而且對多數房間而言，相當經久耐用。不過如玄關這類區域，則可能要以無光清漆作保護。

訣竅

在乳膠漆上點畫（步驟2）。如果表面的紋理看起來仍不足，5分鐘以後再點畫一層。點畫時與其一次點畫整面牆，還不如分別點畫每一個石塊區域，這樣可使每塊石頭的質地都有些許不同。

畫灰泥線時，要畫幾個不是直角的區域，但不要畫太多，以免牆面看起來像迪士尼卡通。

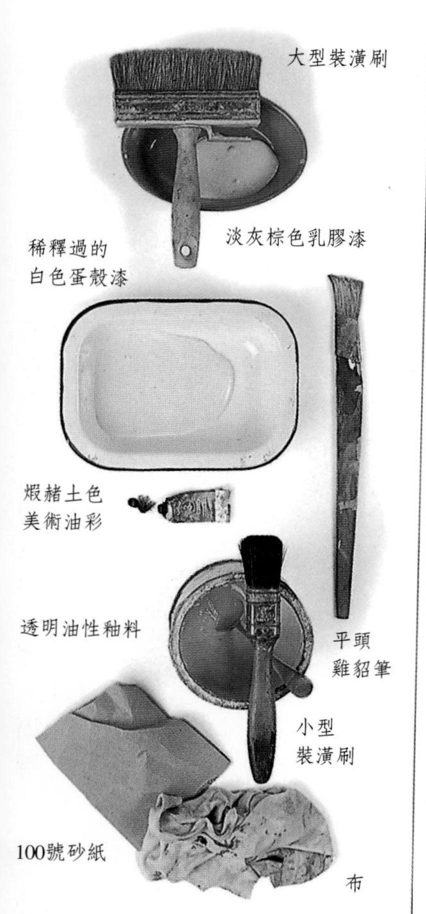

工具和材料

你需要兩支裝潢刷（一大一小）、一支雞貂筆（或尺寸相近的美術畫筆）、一塊布，和100號砂紙。將透明油性釉料添加褐色美術油彩調勻（說明參見157頁），並在白色蛋殼漆中加一些松節油稀釋。想獲得不同效果，可以在步驟2時，嘗試一種顏色以上的乳膠漆。

1 在乾了的白色乳膠底漆上畫出不規則的石頭輪廓；輪廓間要留點距離，以畫上灰泥線（參見步驟6）。

2 用大型的硬毛裝潢刷，以點畫法塗上淡灰棕色的乳膠漆。塗刷到接近鉛筆線的邊緣。

3 乾了後，塗上調有褐色美術油彩的透明油性釉料。5分鐘後，用布擦抹釉料層。

4 等釉料乾了（可能要1天），塗上稀釋過的蛋殼漆，記得要塗成均勻的白色薄膜，然後放乾1天。

5 蛋殼漆乾了後，用100號砂紙磨砂牆面。這個動作會讓步驟2的淡灰棕色乳膠漆露出來。

6 用淡灰色乳膠漆和雞貂筆，順著石頭輪廓間的距離，徒手畫出每塊矩形「石頭」間的灰泥線。

皮革

中世紀加工皮革的豪華感和皮革紋理，可爲房間添加戲劇性與華麗感。右頁圖示中說明的仿皮粉刷法，可以得到相同的華麗效果。此外，更細緻的皮革效果，圖示於左上圖都鐸房的藍色和粉紅色鑲板上。

這個方法是在無意中發現的，我的一名學生在學習塗刷仿古紋理的牆面時，不是以塗刷的方式，而是以「扭動」的方式處理牆面，使得牆面出現漩渦狀的圖案，接著圖案在仿古步驟後露出（步驟3-5）。改良和精益求精後，這方法就成了仿造裝潢的起點。

仿皮革粉刷可用於任何潔淨無塵的表面，牆面和家具的表面都可以使用這種方法。

「壓印皮革」

右頁短劍形狀的圖案被做成皮革的感覺，看起來就像是皮革壓印的樣子（相同的遮蔽物可用於不同方法，如左上圖都鐸房裡的雕帶）。以紙板製作皮革圖案，並以此圖案作爲塗刷時的依據，塗刷第二層塗料時，蓋住第一層的彩色乳膠漆（步驟1），塗第二層時，刷子則需以「撫扭」方式做出看似皮革的漩渦圖案。

你想讓皮革呈現出什麼樣的效果，會決定你該使用的顏色。想傳達逼眞的感覺，可使用淡茶色和褐色乳膠漆，搭配生赭土色、煅赭土色或煅赭黃色美術油彩染色的透明釉料。

想做出沒有「壓印」圖案的皮革，只要依照右頁的步驟1-5處理，但不要使用遮蓋物，直接塗刷整個區域。

細膩效果

上圖都鐸式客廳的柔和效果，是以褐色美術油彩調和釉料，再塗在粉紅色和藍色乳膠底漆上，並以步驟2的方法做出紋理。

完工

粉刷完後可以任其呈現半無光澤的外觀，或以家具亮光蠟磨成光亮表面。以半無光清漆保護表面。

製作遮蔽物 這個遮蔽物是從油浸馬尼拉紙板剪下的（見130-131頁）。

工具和材料

兩層乳膠漆都使用小型裝潢刷，乳膠漆要調到能做出紋理的質地。如果你覺得塗料會自己縮回，可以加點白堊粉調和。將煅赭黃色美術油彩調入一些生赭土色油彩，再以1：1的比例和透明釉料調和。某些美術油彩含有毒性，而且會透過皮膚滲入體內，因此處理大面積區域時，應該要戴手套（見148-151頁的圖表）。在步驟5時使用厚紙或砂紙背面。

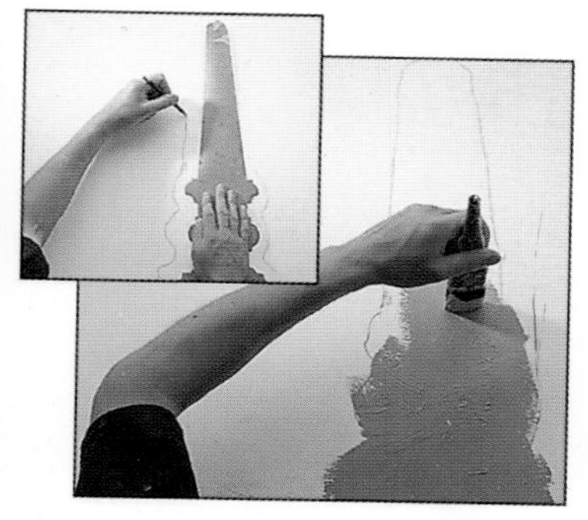

1 描出遮蔽物的輪廓；把遮蔽物移開後，於圖形內部塗刷上茶色乳膠漆，並採點畫法塗刷製造出尖凸的質地。之後將其放乾1天。

2 把遮蔽物放回原來位置並壓好。塗上一層厚厚的褐色乳膠漆，沿著遮蔽物外圍「撫扭」刷子塗磨牆面。

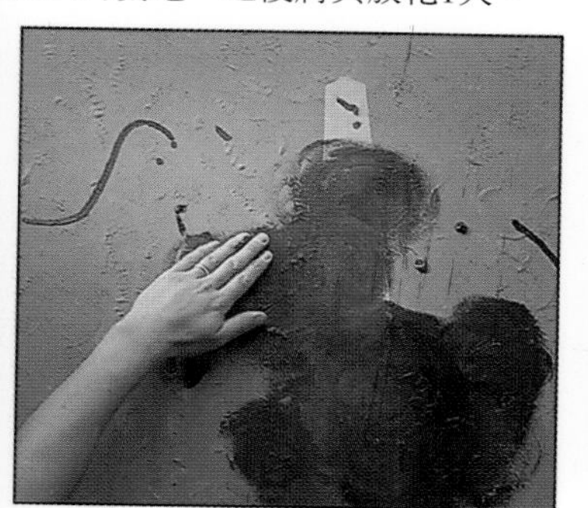

3 將遮蔽物移開並放乾1天。然後塗上以1：1比例添加美術油彩的透明釉料於牆上。

4 用布輕輕抹去多餘的釉料，釉料如果是塗在以乳膠漆做出的紋路凹處，不要將其抹掉。

5 想讓裡層的乳膠漆顏色露出，可用砂紙背面輕輕摩擦凸出的部分（包括短劍裡的區域）。

6 沒有塗刷第二層褐色乳膠漆的短劍區域，看起來會較爲明亮。想讓這個區域的輪廓更爲明顯，可用鉛筆描出輪廓。

赤陶、灰泥和鉛料

經年累月的腐蝕後，舊鉛料上產生的銅綠色澤，赤陶上產生的紅潤色澤，以及粉紅色裸灰泥產生的多塵外觀，皆帶有某些共通點。它們都是裸材料上的礦物質面漆經過化學作用的結果，而這些結果都可以利用刷子、海綿和乳膠漆模仿而得。

右頁示範了模仿赤陶塗料的簡單方法；模仿灰泥和鉛料時，只需要使用不同顏色的乳膠漆即可。

這項技術是藉由海綿和刷子做出大型的隨機刷痕，所以只能用在大面積區域。零星滴流的塗料也是效果的一部分，所以必須在垂直的表面，或者可豎立的物品表面執行這項技術。

左上圖的牆面和踢腳板，還有右頁右邊的大型框架，都是模仿赤陶塗料；下方右圖是模仿灰泥塗料，左圖則是模仿鉛料塗料。

赤陶、灰泥和鉛料都有乾枯且多塵的外觀，只能用乳膠漆之類的水性塗料模仿，這樣一來，放乾後表面才會不帶光澤。

容易磨損區域，如玄關護牆板，或容易濺濕區域，如浴室牆面，應多塗一層油性無光清漆加以保護，或者塗刷沒有光澤的壓克力清漆。不可使用光面清漆，因爲會破壞該有的灰暗效果。

鉛料和灰泥效果

鉛料效果　漆塗黑灰色乳膠漆，省略步驟1直接進行步驟2-4，使用淡灰色塗料。

灰泥效果　依照步驟1-4進行，只要把赤陶色塗料，改成粉紅褐色即可。

工具和材料

塗刷底漆和步驟1的塗料時，可使用任何質地的裝潢刷，因為留下的刷痕，在後來的海綿步驟時會被蓋住。天然海綿上的孔洞形狀最佳，但合成海綿也是很好的替代品，海綿須撕成不規則的形狀。使用乳膠漆前，先依照右頁的說明稀釋。

1 在乾了的焦糖色乳膠底漆上，刷塗赤陶色乳膠漆（以1：1比例加水稀釋）。就算刷子乾了還是繼續刷塗，以留下柔和且塗層不勻的漆面，使底漆如雲斑般的，這裡一塊那裡一塊。若要製造灰泥效果，可將粉紅褐色乳膠漆以1：1比例加水稀釋。

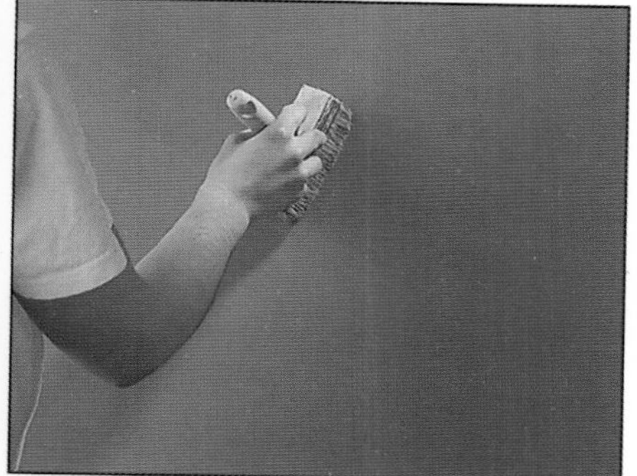

2 塗層全乾後（約要5小時），拿一把乾淨的裝潢刷將牆面刷濕（這可使接下來的塗料和海綿步驟更容易進行），一次刷濕1平方公尺的區域。處理灰泥和鉛面時，用粉紅褐色塗料或黑灰色塗料刷濕牆面。

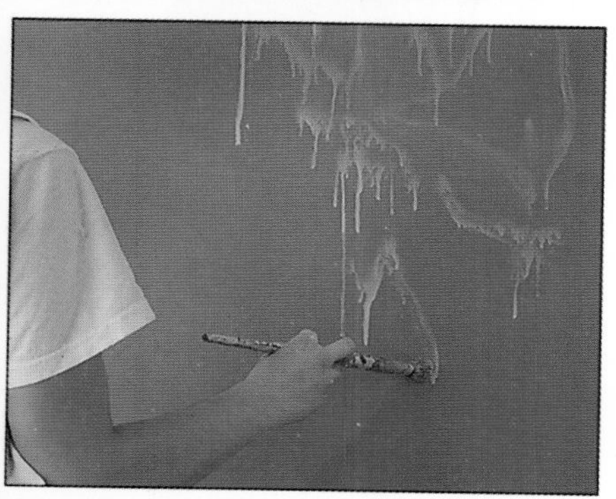

3 塗上奶色乳膠漆（以1：2的比例加水稀釋），用大型雞貂筆或2.5公分寬的裝潢刷，隨意畫出斑點和線條；多吸一點塗料，好讓其稍微滴流。要製造出灰泥效果，在這個步驟使用顏色相同的乳膠漆，鉛面則使用淡灰色乳膠漆。

4 用稍微沾濕的海綿輕拍斑點和線條，並使其稍微暈開。牆上的薄薄水膜（步驟2時塗抹的）會讓海綿的痕跡軟化成朦朧污斑，並使塗料滴流。約等1分鐘後，便以海綿處理該區10-15秒；動作重複到海綿的痕跡較爲清晰爲止。

效果

你可以看出步驟2的水，使海綿痕跡化為朦朧污斑的痕跡；也可以看到在步驟4的海綿處理後，某些任其滴流的塗料痕跡。

銅綠

產生銅綠的金屬有著多彩豔麗的顏色和紋路，展現出歲月和自然運作的痕跡。銅綠的顏色是綠色且有如碎鹽粒般的效果，是黃銅、銅和青銅經過自然腐蝕作用後的結果。

銅綠有很好的裝飾效果，使得金屬匠願意冒險在高毒性的程序中，以酸液和高溫複製出這種效果。

依照右頁示範的步驟，你可以使用簡單的材料，並且安全的做出逼眞的銅綠效果。左上圖房間裡嶄新的金屬製品，便是以這種方法改造的。

這項技巧適用於任何可以在水平面方向處理的金屬或塑膠物表面。銅綠漿糊無法黏附在垂直的表面，但你可以使用稍微不同的方法，在垂直面製造銅綠效果（就像102頁的牆面和這兩頁的背景），方法說明於下。

應用

如果你不是應用在黃銅、銅、青銅上，可以將摻有黃銅色粉的塗料或噴漆（使用金色噴漆的效果較明亮）擦塗在表面，作爲合適的底漆。如果表面是銀色，如這裡的金屬效果，那麼只要簡單漆上褐色的法式琺瑯漆就行了（見141頁）。

就像大理石紋、木紋、仿古和復古粉刷法一樣，這項技巧就是要仿製出自然現象所造成的效果，並且讓人誤以爲完全沒有人工成分；這個目的必須仰賴隨機效果才能達成。所有塗在第一層的塗層（厚厚的漿糊層、噴漆層和粉末），必須塗刷成隨機且不調和的斑駁狀，而非均勻的塗層，這樣就能讓外觀看起來很自然。接著你可以用稀釋過的聚乙烯樹脂封住粉狀面漆，再用無光清漆做出耐用的表面。

垂直面　為垂直的表面製造銅綠效果，可塗上稀釋的銅綠色乳膠漆，並在潮濕的塗料上塗以大量的水。

工具和材料

你需要兩罐銅綠漿糊，一罐淡藍色，一罐薄荷綠色。調配銅綠漿糊要以1：2的比例，調配工業酒精和乳膠漆後，篩入白堊粉，直到混合物的稠度像結冰的奶油。由於酒精蒸發得很快，所以進行中可能要多加些酒精，以使混合物容易塗抹。

1 黃銅色或金色底漆上，塗一層以1：4的比例加水調和的藍綠乳膠漆後放乾。

2 淡藍色和薄荷綠色的銅綠漿糊一起塗在表面。不時變換塗料的厚度和紋理，以製造隨機效果。

3 趁銅綠漿糊乾化之際，拿一罐黃土色噴漆，隨意在表面上噴出顏色淡淡的小型塊斑。

4 表面塗上大量的水，以露出底層顏色，水只用來將表面的塗層刷淡，不可刷進裡層中。

5 拿一些白堊粉或灰泥粉輕輕撒到表面上，然後將粉末壓入潮濕且黏稠的混合塗層中。處理凹處時要小心。

6 塗層半乾時，用粗布擦去一部分凸起的區域，不可全部擦去，以露出底層的彩色塊斑。乾透後用稀釋的聚乙烯樹脂封住。

鐵和鐵銹

金屬塗料在室內設計中，可被活用爲絕佳的裝飾物。

左上圖的西班牙巴洛克式臥室裡，木門被處理成狀似鐵門的樣貌，散發出銀白色的金屬光芒，並布滿了鐵銹；踢腳板、下楣和門上的飾釘，則被仿製成嚴重腐蝕的暗鐵銹色金屬效果。

這兩種簡單的技巧在這兩頁中有示範說明，而且可以應用於任何表面。

這些簡單的金屬粉刷法，利用塗在不同塗層的材料，製作出逼眞的金屬外觀。左下圖步驟1-4所示的鐵銹粉刷法，利用黏著劑和砂子的混合物，在木頭表面做出鐵銹質地，這樣一來也會把表面的瑕疵蓋住。最後一層塗飾，摻合了工業酒精的法式琺瑯清漆（見步驟3），並以乳膠漆作爲補強。在仿鐵粉刷的步驟裡，稀釋的黑色乳膠漆是塗在一層乾透的油性塗料上。

模仿鐵銹

1 表面塗上一層很厚，且沒有稀釋的聚乙烯樹脂後，便將砂子抛附表面。垂直物的下方要放一塊木板以接住落下的砂子。

2 等乾透後，塗上深褐色的乳膠漆，扭動刷子把塗料刷入砂子形成的紋路裡。

3 乾了後，塗刷一層濃褐色的法式琺瑯漆，琺瑯漆以1：1的比例加上工業酒精稀釋。

4 待10分鐘後，塗刷一層工業酒精和些許鐵銹色的乳膠漆。你可以使用更多的工業酒精來製造花紋。

隨機效果

這些仿金屬粉刷的成功與否，決定於表面的隨機花紋。最後階段使用的水，是用來拆解「鐵」門的塗底塗料；在仿鐵銹的技巧裡，工業酒精是塗在清漆上以模仿金屬的質地。「隨機處理」的意思是，使用布和刷子時，要不時變換手握的角度、塗刷的方向和施加的力道。

保護「金屬」

雖然鐵銹的效果耐久，但最好還是塗一層無光的油性清漆加以保護，讓表面有一層堅固塗層。

用在仿鐵粉刷的銀色金屬塗料，帶有金屬粉末。如果是鋁粉就不需要塗刷保護層。但有些塗料包含的粉末是其他金屬，而空氣會使這些金屬變黑，因此需要一層保護層。先檢查銀色塗料內含的成分，如果不確定是否含鉛，就須塗一層半無光的聚氨酯清漆作保護。

工具和材料

仿鐵和鐵銹的基本工具有：裝潢刷、除塵刷、畫筆和布。褐色乳膠用在鐵銹粉刷，顏色較亮麗的鐵色乳膠漆，用來作為兩種效果的強。工業酒精用在處理塗料和法琺瑯漆時，在左頁的方法裡，製出隨機的塊斑，並隱約將鐵銹質顯露出來。

仿鐵粉刷

1 表面塗上一層銀色金屬塗料上。將黑色乳膠漆以1：4比例加水稀釋，並加1滴清潔劑調和。塗料以濕布塗到牆上製造隨機圖案。混合塗料乾得很快，所以一次只能塗抹一小塊區域。

2 趁混合塗料快乾時，以除塵刷或白毛軟化刷使布痕軟化不明顯。有些區域加強軟化效果，有些區域不用，以增加隨機感。

3 塗料乾透後，在表面塗水，並塗上鐵銹色乳膠漆（以1：2的比例加水稀釋）。塗在表面上的水，會進一步稀釋「鐵銹」，使覆蓋在銀色塗層外的鐵銹色在乾了後，顏色變得較淡且半透明，如左邊放大的圖示。

卡拉拉和蛇紋大理石

模仿大理石的裝潢技巧，從羅馬時代開始就有，而且成品花樣繁多。

白色卡拉拉和綠色蛇紋大理石相當容易模仿，而且可以成功地用在不同表面，從地板、踢腳板到小型物件皆可。

粉刷效果好的話，大理石可為房間提升格調，並顯現出特定的古典氣質，如左上圖展示的佛羅倫斯玄關。

數百年來，都是以色膠和灰泥底塗料模仿大理石。然而19世紀的人，開始渴求新寫實主義，而且英國也開始採用既新又便宜的透明油性釉料作爲染色劑，並以此作爲昂貴藝術美術油彩顏料的延伸工具。

現今依舊使用透明釉料模仿大理石紋路。可以買市面上販售的成品，或依照156頁的配方自己製作。

要塗刷透明釉料的表面，最好先塗兩層白色蛋殼漆，讓表面變得相當滑溜。油性釉料會因時間而磨損，因此乾了後一定要塗一層半光清漆，並打蠟拋光。

油性釉料會吸附灰塵，因此要在無塵的環境裡工作，動工前先用吸塵器清理灰塵；使用刷子前要先抖掉刷毛上的灰塵。

大理石地板 我將不同顏色的大理石組合在一起，以得到醒目圖案；而模仿黃色大理石的方法在下兩頁。

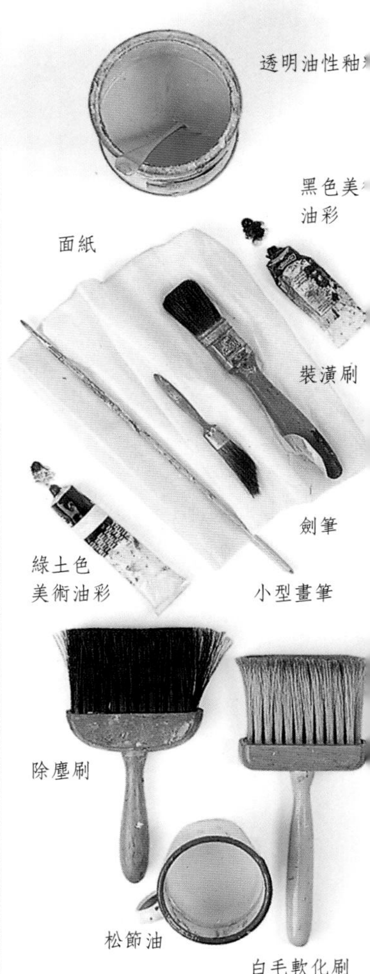

工具和材料

以美術油彩顏料為透明油性釉料著色（調配法說明於157頁）。黑色是塗刷卡拉拉大理石的釉料著色顏料，綠土色和白色是塗刷第一層蛇紋大理石的釉料著色顏料，第二層則單獨使用綠土色。美術油彩顏料有毒，使用後一定要洗手。關於除塵刷和軟化刷的資料請見126-12頁，劍筆的資料見124頁。

卡拉拉大理石

1 拿一塊軟布，在蛋殼漆塗層上擦些透明釉料，使表面的滑溜感更高。

2 雞貂筆沾些黑色釉料，在表面畫幾條粗粗的紋路，不時添加小黑點和潑點。

3 以除塵刷或軟化刷的毛端輕觸紋路，輕輕刷向四面八方。

4 劍筆沾些松節油，順著部分被軟化的紋路，在釉料的表面畫幾條潮濕的怪線。

5 再次軟化線條，刷開步驟4畫的濕線，朝同一方向畫開，以製造羽毛般細碎紋路。

6 白毛軟化刷朝四面八方輕撫表面，以消除所有的刷痕，並製造出朦朧的迷霧感。

蛇紋大理石

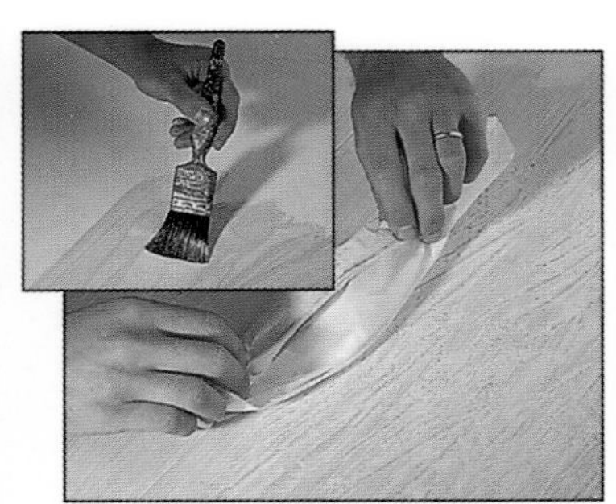

1 塗一層用綠土色美術油彩調色的釉料。用摺好的面紙輕拍表面以增添花樣。

2 至少放乾1天後，塗一層薄薄的、顏色更深的綠土色釉料。

3 和步驟1同樣以面紙按壓表面，而且每次都要以乾淨的一面按壓潮濕的釉料。按壓的力道要有所變化。

西恩那大理石

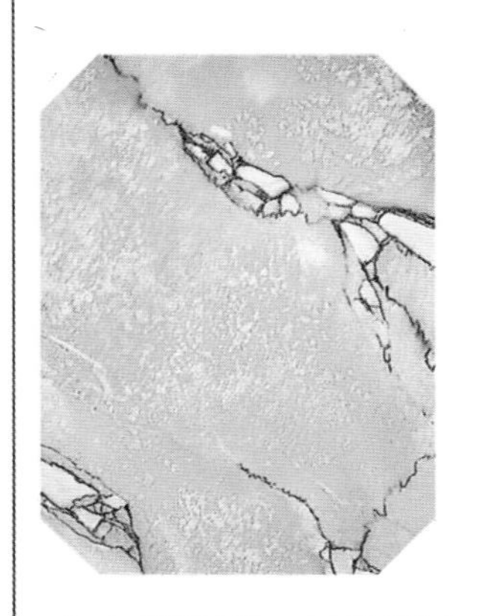

雖然卡拉拉和蛇紋這類線條單純的大理石，非常能傳達涼爽優美的感覺，然而以塗料模仿大理石的最佳方式，是將石面分割成區塊以鑲嵌圖案，並在設計中安排少量既搶眼又複雜的大理石，如88頁的大理石地板。

義大利石匠一直將西恩那大理石用於這類裝潢中，因爲它的顏色濃郁、花樣繁複，但用在大面積上可能會太過搶眼，以致讓人無法忍受。

西恩那大理石除了可以用來裝飾地板，也可用於裝飾盒蓋或桌上物品。

模仿西恩那大理石，比模仿其他大理石更爲費時，但等你看到成果時，會覺得付出是很値得的。多多觀摩西恩那大理石的眞品或相片，你對它越是熟悉，模仿的成果會越逼眞。

事前準備和清漆

大理石面應該會非常平滑，需要的話，可以先在表面磨砂，然後再上兩層奶色蛋殼漆。另外，油性釉料會吸附灰塵，動工前1天要先打掃並吸塵，並確定刷子沒有灰塵，而且不可穿毛衣。等釉料層乾透後，塗刷一層硬質清漆作保護，否則會慢慢磨損。

製作圖案

利用黏性紙條作輔助工具，做出俐落的大理石紋路。塗刷奶色蛋殼漆前先貼黏性紙條，趁蛋殼漆未乾前撕下黏性紙條，塗刷時請小心的用布擦掉過多的釉料。

如果不喜歡西恩那大理石的顏色，可以用相同的技巧，但換成不同的顏色處理，如寶紅色或寶綠色。仿製布雷沙大理石（88頁大理石地板的一部分）使用的是褐紅色釉料。

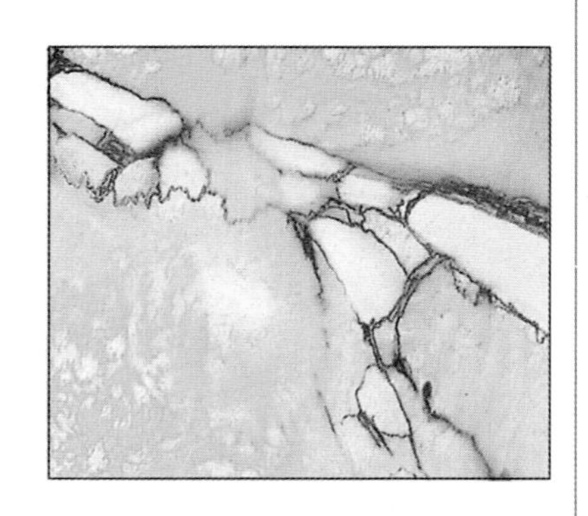

紋路　大理石上的清晰黑紋，是用黑色蠟筆沾松節油畫成的。

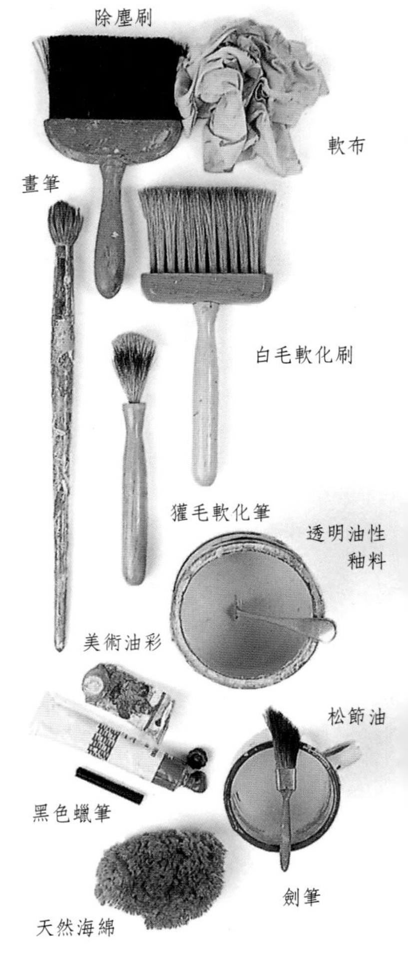

工具和材料

購買或自製透明油性釉料（見156頁）。釉料以赭黃色美術油彩調色（見157頁）。由於某些美術油彩有毒，處理後一定要洗手，而且要確實把指甲洗乾淨。細畫筆可以代替劍筆，黑貂毛畫筆可以代替獾毛軟化筆。刷子的說明請見122-127頁。步驟4可用松節油或松香水。

1 表面擦一層透明油性釉料，然後以赭黃色釉料塗一區塊並畫上條紋。

2 以除塵刷隨興軟化區塊和線條，同時將釉料往四處拉開。

3 以軟化刷的尖端輕撫區塊去除刷痕，並進一步軟化。

4 劍筆或細畫筆沾一些松節油，在釉料表面畫幾條濕線。

5 濕線暈開時，再用海綿輕拍線條的部分區域。以產生斑斕的效果。

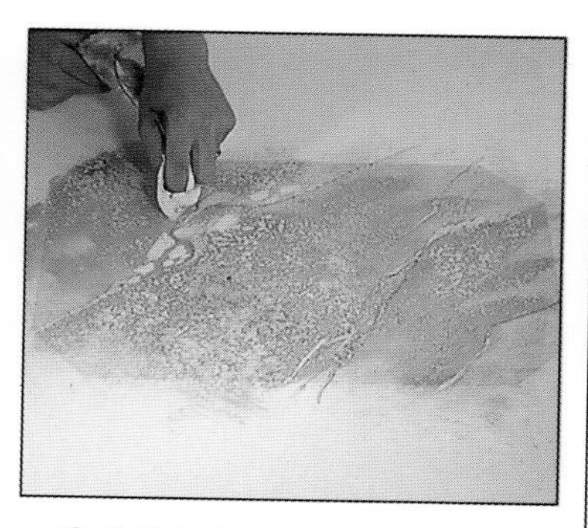

6 爲避免松節油將釉料暈得太開，可用布輕拍海綿處理過的區域，或用刷子軟化或點畫此區。

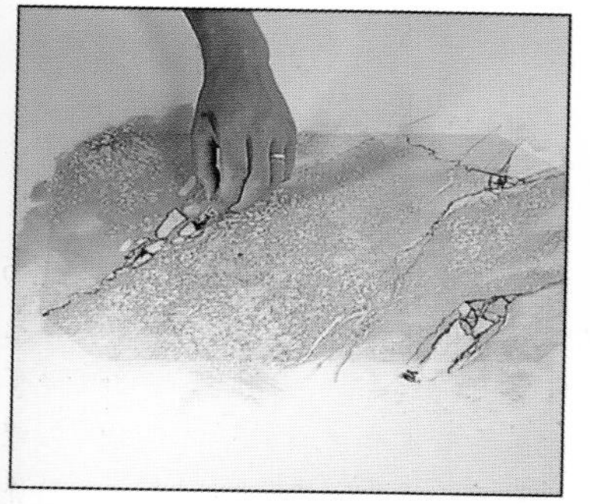

7 沾些松節油使蠟筆軟化，然後在潮濕的釉料上畫些「小圓石和鵝卵石」的紋路樣子，因爲這是大理石的典型圖案。

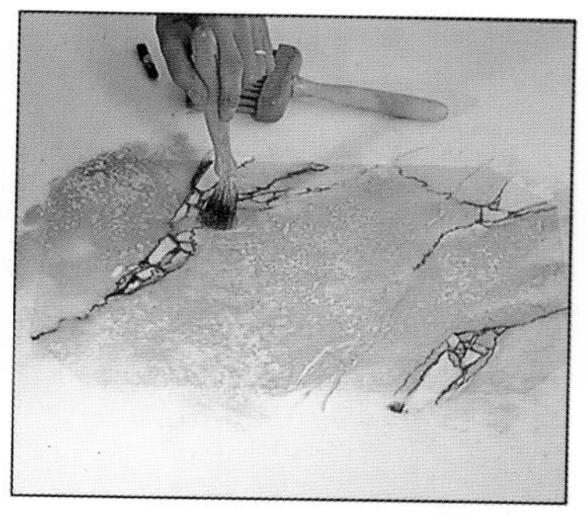

8 放乾10分鐘左右，此時松節油會逐漸揮發。然後用獾毛軟化筆或黑貂毛畫筆軟化紋路。

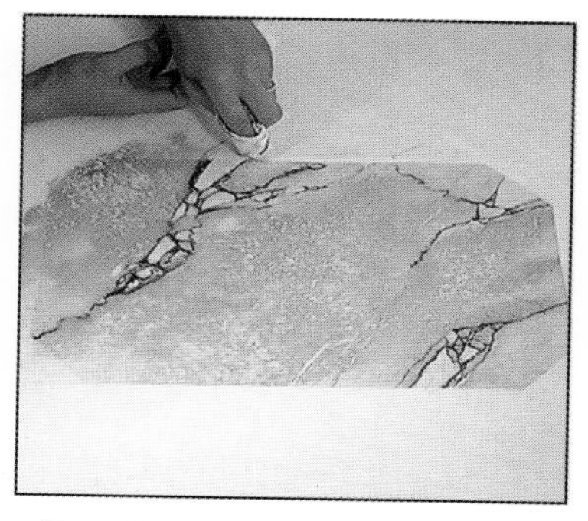

9 以軟布輕拍並暈開部分的黑色紋路，使它看似「退入」石中，並把部分「小圓石和鵝卵石」擦乾淨，以得到奶色的石頭缺口。

化石紋大理石

某些礦物粉刷效果，是刷子用力塗刷表面時所造成，並調和不同材料以隨機方式畫出的。化石紋大理石即是這類修飾法的絕佳範例，成果相當美麗，如本頁圖示。可以的話，盡量把粉刷物平放於地板，這樣溶劑就能形成水窪（處理垂直面的方法，見本頁下方）。塗料可以和我一樣使用水性稀塗料，或者使用油性釉料。

欲使模仿的大理石面看來逼眞，底漆必須盡可能平坦。需要的話，表面先經砂磨，然後上兩層淡灰棕色的蛋殼漆，小心不要留下刷痕。

塗料

仿大理石粉刷的傳統塗料是油漆，或著過色的油性釉料。然而要模仿化石紋大理石，只有使用自製水性稀塗料，才能得到最爲多采多姿的紋路。這種稀塗料是以色粉、水和聚乙烯樹脂調製而成，其中的聚乙烯樹脂是用來接合混入的材料。

塗抹稀塗料前，先加入1滴的清潔劑，可以防止稀塗料塗於底漆層上時暈成塊斑。

乾化時間

步驟2到步驟4，是趁稀塗料乾化之際操弄塗料。使用水性稀塗料的難處在於它乾得太快（氣候乾爽溫暖時，只需10分鐘），因此一次只能處理不到1平方公尺的區域。油性釉料需要超過兩小時才會乾透。

如果你擔心處理時間不夠，可以選用油性釉料，成果雖沒那麼華麗，但也相當好看。釉料的著色可以混合透明油性釉料和生赭土色美術油彩（見157頁）。

聚乙烯樹脂的水性稀塗料和油性釉料，在乾透後都還是軟軟的，因此需要塗一層油性清漆加以保護。

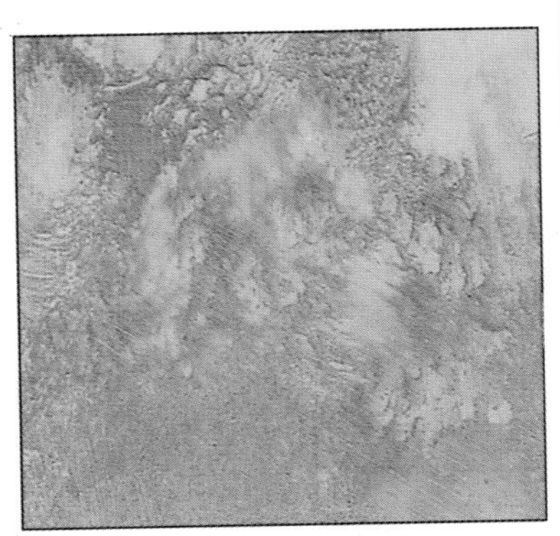

垂直面 照著步驟1-4處理，在步驟3使用工業酒精、水和彩色稀塗料時，刷子要換成海綿。

工具和材料

調製水性稀塗料時，先將0.5公升的水和1湯匙的聚乙烯樹脂調和，隨後慢慢倒入2湯匙的色粉中（色粉先用一點點水調勻），過程中需要不斷攪拌。加1滴清潔劑。如果顏色看來不太對，再加一點色粉，或加一點水和聚乙烯樹脂。色粉帶有劇毒：請依照149頁的注意事項處理。在步驟3潑灑工業酒精時，雙眼要戴護目鏡保護。

1 如果使用的是水性稀塗料，先在乾了的蛋殼底漆上擦一些漂布泥以吸附油脂。以交叉刷法刷上生赭土色稀塗料，每次只塗刷小於1平方公尺的面積；接著進行步驟2-4，再回來塗刷新的區域。如果使用油性釉料，可一次全刷。

2 裝潢刷粗略點畫表面，以破壞刷痕留下的粗糙紋路。如果是水性稀塗料，動作要快；而油性釉料的好處是，你會有足夠的時間做完這步驟。

3 在水性塗層上潑灑工業酒精，使稀塗料裂開。然後四處彈灑水滴，以製造小溪流和水窪，然後（你也可省略這部分）灑些煆赭黃色稀塗料的小點。整體感覺應該是隨機的（若是油性釉料，則先用松節油，然後使用工業酒精）。

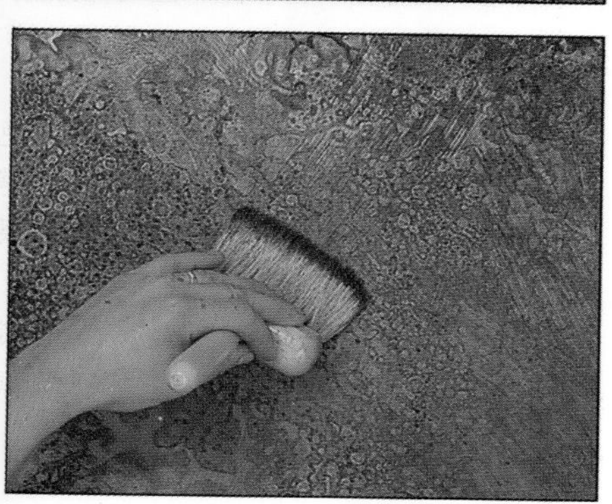

4 等部分區域乾了，只剩下小溪流和水窪還沒乾（當然你可以用吹風機加快油性釉料的乾化速度）。接著使用白毛軟化刷或除塵刷，刷開這些沒乾的區域，並把潮濕、有顏色的液體帶向四處。

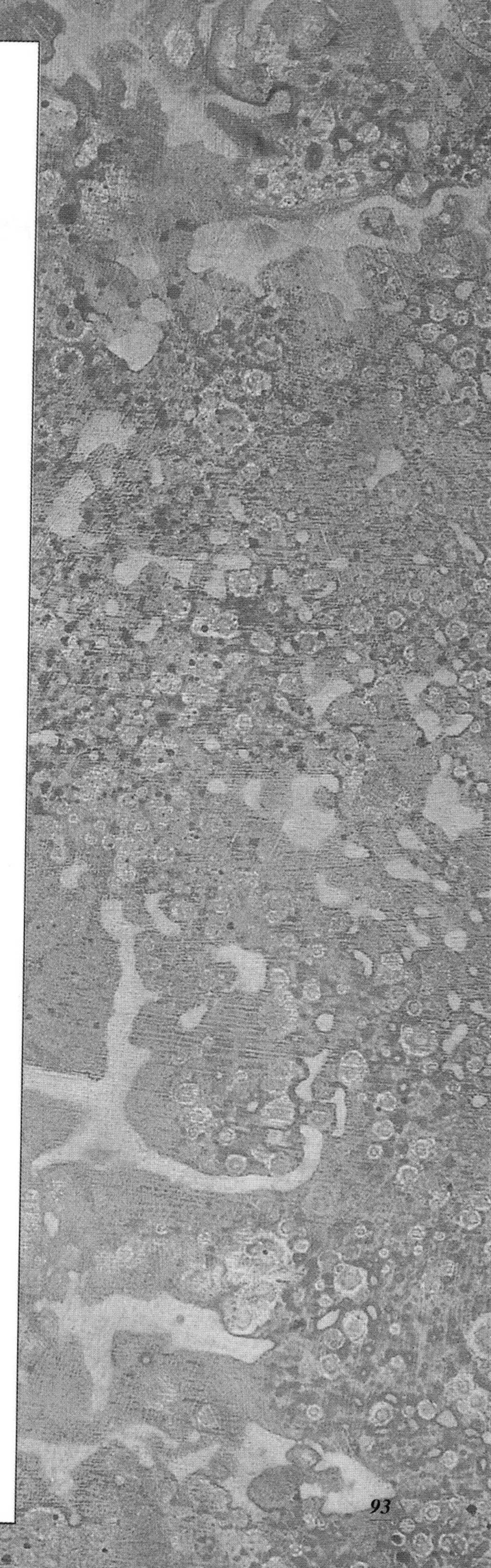

淡色木頭

這個模仿淡色木頭（淺色木頭）簡單且有效的方法，是學習仿木紋粉刷的第一步。

利用簡單的自製稀塗料和鞭刷，你就可以在便宜的木製家具、木門、護牆板和地板上，模仿如槭木、緞木這類精美光亮的淡色木面。

照慣例，畢德邁家具是用淡木製成，所以這方法尤其適合畢德邁風格的房間（左上圖）；我用這個方法修飾浴缸的外部，然後塗一層清漆，以防止稀塗料接觸到水。

方法中使用的水性稀塗料很快就乾，而且可以刷成密布細細羽毛和俐落的外觀。意料外的是，這種塗料比油性釉料（用於96-99頁的仿木紋方法）還容易處理，而且乾了後還可以弄濕重新塗刷。動作夠快的話，你就能在稀塗料乾透前做完所有步驟。如果不行，只需步驟1和步驟2交替進行，一次只處理一小塊面積就好。當然你也可以一次處理整面區域，乾掉的區域只要塗一點水，就可繼續處理。

成果取捨

粗孔木面粉刷的兩個步驟，可刷出看似有木節的上等薄木片圖案（見這兩頁背景圖的上半部和「畢德邁」浴缸）；刷力放輕則有較細緻的效果。木紋延展的兩個步驟，能得到木紋拉長的效果（見這兩頁背景圖的下半部）。

事前準備

準備做仿淡木處理的表面，越平滑越好。準備時，小心塗上兩層奶色蛋殼漆。乾了後，在外層抹一點白堊粉，或使用漂布泥吸取油脂。

完工處理

當釉料乾後，塗一層油性清漆。刷法要敏捷輕盈，才不會攪亂塗料裡的顏料。我使用貼金膠水（見140頁），因其乾化迅速，需要的話，也可採用有黏性的油性清漆。

要使「木頭」看來閃亮光滑，散發濃烈的法國漆香味，可照著以下的裝潢祕訣處理：清漆乾透後，先以0000號的鋼絲刷沾家具亮光蠟拋光，再用除塵刷刷拭。

工具和材料

調製這種稀塗料需用水和粉狀的赭黃色顏料（見157頁）。如果處理是小面積，可以用塑膠水彩顏料代替色粉（如果使用色粉，請依照149頁的注意事項處理）。鞭刷做的淡木紋路效果最好。

粗孔木面粉刷

1 以裝潢刷塗刷稀塗料。只需塗到整個塗層均勻，不需理會是否有刷痕留下。稀塗料在幾分鐘內便會乾燥；如果在進行步驟2前乾了，可用濕的畫筆弄濕。

2 握住鞭刷，將刷子垂直於牆面，穩穩的把刷毛壓向潮濕的稀塗料裡，這時長長的刷毛會向外四散，製造混亂且多木節的圖案，看起來很像某些紋路多節的薄木片。想要更精巧的效果和質地，可以用較輕的力道重複此步驟。

木紋延展法

1 在塗層上推移鞭刷使刷毛散開，便可做出粗糙卻生動活潑的木紋效果。動作迅速才可以在稀塗料未乾前進入步驟2。如果稀塗料已乾，應把刷子沾水打濕。

2 將鞭刷的刷毛平貼在塗層上，一邊朝自己拉，一邊輕拍塗層。這可讓步驟1形成的粗糙紋路變柔和。

橡木紋路

先進行木紋延展法的步驟1，接著以軟化刷軟化刷痕，然後以斷線滾筒沾些黑色塗料滾過表面（見128頁）。

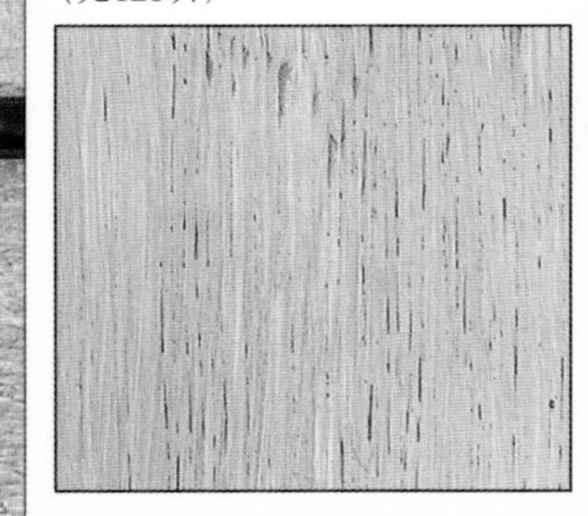

以刷子模仿木紋

仿木紋粉刷是一種用來模仿美麗且圖案隨機的天然木紋技巧。這個技術在19世紀時登峰造極，當時的優秀藝術家樂於模仿已知的木頭外觀。

右頁的方法相當簡單，並不是爲特定木紋而設計的，但是卻有美麗的木紋效果，如左上圖蘇格蘭起居室的木門。

98-99頁有近似松木紋路的粉刷法，94-95頁有淡色木頭（淺色木頭）的漆法。

只要是可以塗刷蛋殼漆的平滑表面，都可以仿製木紋。如此頁圖中的現代門，可以換裝成適合房間裝潢的門面，還可以在便宜及來自再生資源區（見34-35頁）的木頭上，仿製出紅木的木紋。

適合採用仿木粉刷的室內設施，包括踢腳板、家具和地板。

準備釉料和表面

我以透明油性釉料添加美術油彩調色，並用松節油稀釋成乳脂般的濃度（見157頁的釉料調色法）來仿製木紋。釉料不會形成堅硬並具保護性的塗層，所以需要再塗一層清漆。

木紋的表面必須先塗兩層蛋殼漆，才可使要處理的表面平滑。

仿木紋顏色

最終的顏色得自蛋殼底漆和釉料的顏色。右頁示範的門板粉刷法，是用煅赭土色美術油彩染色的釉料，漆底則是兩層不同顏色的蛋殼漆（褐色和柔黃色），如此可得到兩種不同的木頭感覺。

想得到不同顏色的木紋，你還可嘗試其他顏色的蛋殼漆，以及加入土色美術油彩調色的釉料。

門板換裝　這門板原本是綠色的，我們先加以砂磨，然後刷上奶黃土色和粉紅色蛋殼漆。以右頁步驟1-6的釉料顏色和塗刷方法來模仿木紋，處理好後，以乳膠漆在鑲板上鏤花，再以黑色畫輪廓。

除塵刷

鞭刷

加煆赭土色美術油彩
調色的透明釉料

透明油性釉料

布

工具和材料

任何乾淨的裝潢刷都可以用來塗刷染過色的釉料。在這裡我們還需要鞭刷，這種刷子的長毛可用以推、拉並輕拍釉料。我們還需要用一把除塵刷來軟化釉料（特殊裝潢工具，見128-129頁）。

1 先在鑲板嵌線上塗一層釉料，接著用鞭刷刺截釉料，製造出不規則的木紋。

2 在鑲板上塗一層釉料，鞭刷向上推移釉料，製造木紋特有的螺紋和抓紋。

3 用布擦掉看來奇怪的刷痕。鞭刷以幾乎平貼釉層的方式輕拍釉層，軟化先前的刷痕。

4 鞭刷推過門框上的釉層（手法同步驟2），狹窄區域則使用刷子的邊緣。

5 以鞭刷平坦的一面輕拍釉層，如步驟3。刷時讓刷子慢慢刷向你。

6 如果想要較精巧的效果，10分鐘後，用除塵刷順著木紋方向，輕輕地撫刷釉料。

搖板仿木紋

如果你覺得木紋太複雜，因此不太敢仿製，你可以試試這節的簡單技術，使用一種很少人知道，叫作搖板的奇妙工具。它可以製造出像松木一樣的紋路，而且以少量使用於房間的效果特別好，如門板上，或者像左上圖所示的新英格蘭起居室的踢腳板。

想讓木紋逼眞，只能使用木頭的天然顏色，或者用於塗刷木質顏色的背景上。使用不自然顏色做出的奇妙變化看來也不錯；我看過舊農舍的橫樑塗刷草率的藍、紅紋路，使得橫樑顯得既新奇又具有純樸魅力。

橡膠搖板的作業面是彎曲的，而且有半圓形的稜線以製造木紋圖案。我使用的染色劑是美術油彩，可以加一點松節油稀釋（可得到明顯紋路），或者和透明油性釉料混合（即可得到本頁圖示的精巧效果）。

想得到完美的紋路，塗料或釉料應塗在平滑無吸收力的表面。任何凸起腫塊都會影響圖案紋路，但如果你想要不精美的效果時，這反而是好處。在塗料或釉料乾了後（約要1-2天的工夫），再塗刷一層油性清漆。

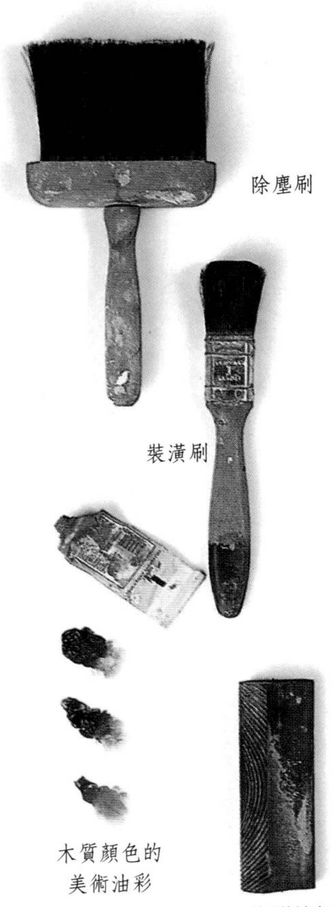

搖板用法

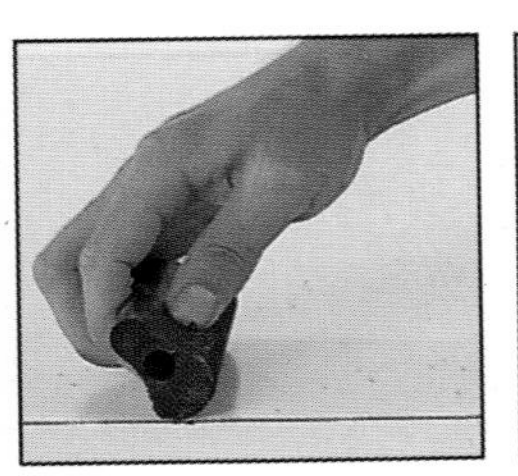

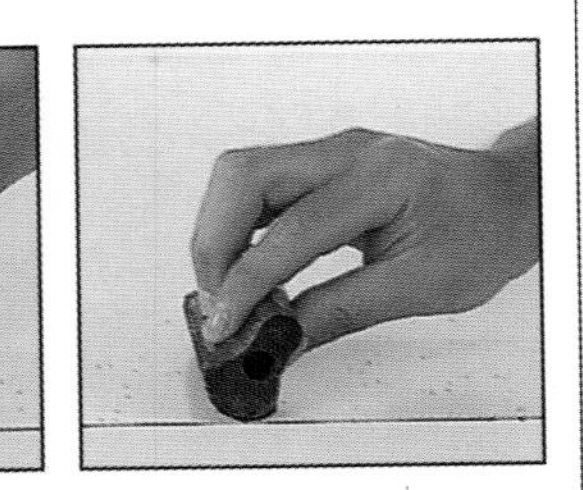

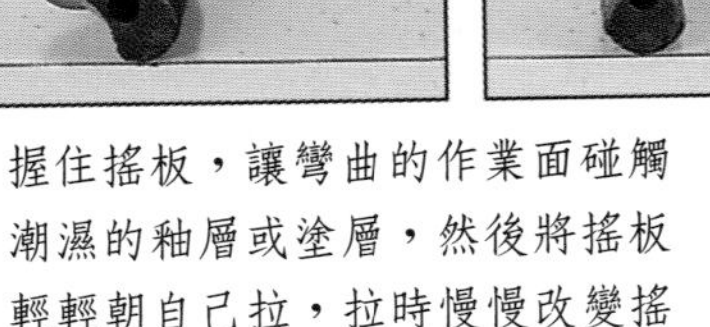

握住搖板，讓彎曲的作業面碰觸潮濕的釉層或塗層，然後將搖板輕輕朝自己拉，拉時慢慢改變搖板的角度（圖示由左至右）。搖板移動時，它的稜線會挖出釉料，就如右頁的步驟3。

工具和材料

橡膠搖板是不可或缺的工具。雖然任何刷子都可用來塗刷釉料並軟化刷痕，但後面的步驟我比較喜歡用除塵刷，因為它的刷毛夠硬，可以處理黏稠的釉料；可是它的刷毛頂端卻細緻柔軟。嘗試使用木質色的美術油彩，如生赭土色或赭黃色，以1：3的比例混合透明釉料和少量的松節油（見157頁），若想得到較大膽的圖案紋路，可只用幾滴松節油稀釋美術油彩。

1 以小型裝潢刷塗一層釉料的時候，要塗成均勻的塗層。像本頁的假型板這類有凹痕或凹槽的表面，也要把釉料塗進細縫裡，整體效果才會比較好。否則這些地方看起來會比較暗。

2 決定你的木紋要朝哪個方向延展，以除塵刷刷子的尖端，朝你要的方向輕輕塗刷釉層。這個步驟的目的，是使木紋的整體外觀柔和。

3 拿著搖板輕輕拉過釉料，手法如上頁的說明。拉時不斷改變搖板的角度，但不要猛拉或猛搖，因爲這種動作會產生不好看的紋路。不斷用布清理搖板，以免釉料塞住搖板凹處。

4 以除塵刷軟化木紋圖案，使圖案和背景達成協調，並掃掉任何因搖板而堆積的稠密釉料。在釉料上拖曳刷子做出「拉」的效果（如我的動作），或者用鞭刷（見129頁）平坦的一面輕拍表面，使釉料散開，以製造出如橡木樹孔般的紋路。

金箔鍍金

黃金擁有神奇、迷惑人心的特性，且能以柔和多變的方式反射顏色。

數百年來，水性鍍金工人不斷執行高超技藝，在潮濕的膠水上，貼覆鬆散的金片裝飾。

其實鍍金有更簡單容易的方法，稱爲轉印鍍金。轉印金箔（以上過蠟的棉紙爲材料）附著在水性的貼金膠水上，可直接貼在任何堅硬的表面，包括木料和上過封漆的灰泥牆，也可貼在絲般滑順的灰泥底表面。右頁最右圖的三個星體，是直接在上漆的灰泥牆上鍍金。

比起金色塗料或金屬粉鍍金，轉印金箔鍍金（不論是眞金金箔或便宜的荷蘭金箔）可得到更華麗耀眼的裝飾效果。一旦熟悉平面鍍金的方法後，可以進一步練習在雕刻品和小飾品上鍍金。剛完成的鍍金品還可做仿古處理（見102頁）。

灰泥底的準備與取捨

想有柔美、絲般光滑的鍍金成品，可選擇灰泥底鍍金，亦即塗刷一層厚厚的灰泥層後鍍金。灰泥會在平坦的表面上形成微凸的區域，使金箔更能反光且閃亮。

灰泥有很多種類，但是添加兔毛膠和聚乙烯樹脂的種類，比較容易磨平並擦亮（右頁步驟2）。如果想強調孔洞和瑕疵，只需抹上一些漂布泥後砂磨擦亮。灰泥粉可能引發氣喘，所以砂磨大片區域時，要帶上面罩。

鍍金層下面有時候會使用彩色黏土，模仿彩色黏土的方法，包括用現成的彩色灰泥，或自己用色粉染色的灰泥，或者是用塑膠水彩顏料，塗刷乾燥的灰泥。

要訣

轉印金箔會黏在油脂上，所以動手前先洗手，並用白堊粉抹擦要鍍金的區域。

想獲得平滑的成品，要訣在於趁貼金膠水尚未乾透前，貼上金箔，通常約在半小時後。水性貼金膠水放置數小時依舊不會乾透，可以貼金箔；因此採用水性貼金膠水比油性貼金膠水容易，因後者的乾透時間因廠牌而異。

完工

荷蘭金箔會氧化，時間一久會變黑。想避免的話，可以在貼金箔幾天後塗一層貼金膠水，屆時裡層的蟲膠片會乾透。至於眞的金箔則不需要保護層。

轉印金箔

1 描繪圖案時，你可以剪下圖案作爲描圖依據，然後塗上貼金膠水（膠水可用塑膠水彩顏料染色，以便目視）。

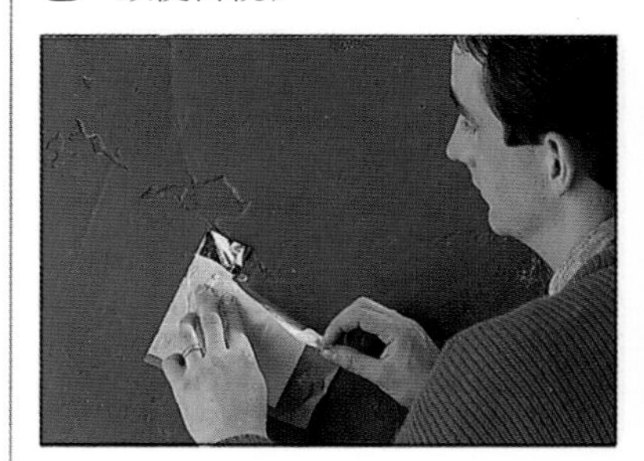

2 在貼金膠水幾乎乾透但還有點黏性之際，輕輕貼上一片轉印金箔（此處用的是荷蘭金箔）。之後小心地將棉紙撕去。

3 幾小時後，用柔軟的布或棉花小心擦掉沒黏住的金箔。接著用布擦亮鍍金區域。

金箔鍍金

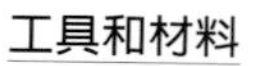

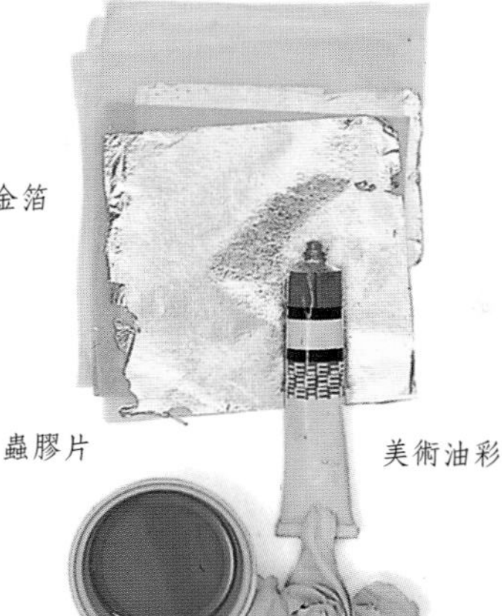
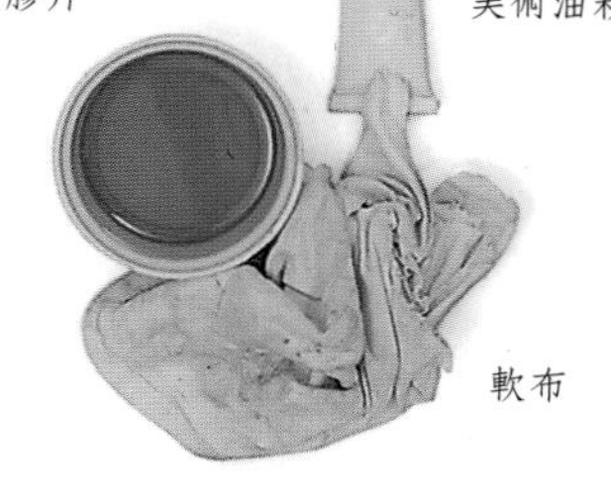

工具和材料

貼金膠水是轉印金箔的黏合劑。而傳統灰泥（這裡所使用的）則是以兔毛膠製成，它是放在雙層鍋裡以小火方式加熱，並且趁熱使用。要自製傳統灰泥或現代聚乙烯樹脂灰泥，方法見156頁。鍍金材料在146-147頁有詳細介紹。

處理灰泥底

1 塗上三、四層的灰泥使表面稍微凸起。如果使用的是傳統灰泥，先放置1夜，使其變硬後再塗最後一層。

2 等灰泥乾後，用工藝刀刮一刮，接著用炭化矽磨紙和0000號鋼刷磨到表面平滑。

3 塗一層彩色灰泥或塑膠水彩顏料。放乾後用0000號鋼刷磨亮。這個步驟也可略過不做。

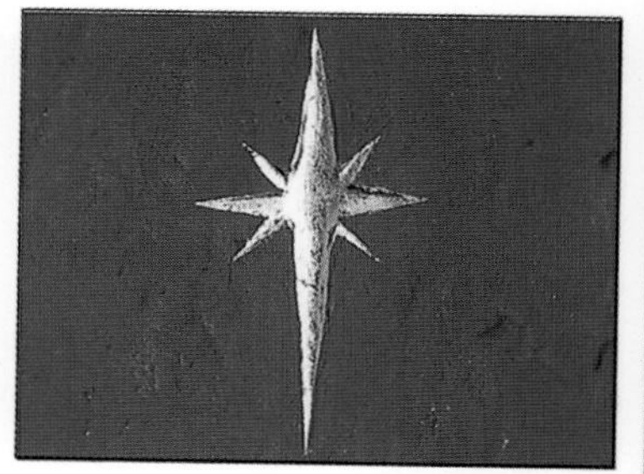

4 在灰泥上鍍金，只需依照左頁方法貼上金箔即可。灰泥會像浮雕般凸起，使金箔更立體耀眼。

金屬粉鍍金

以金屬粉做出來的效果光彩奪目，遠遠超越金色塗料做出來的效果，而且遠遠一看，會讓人以爲用金屬粉裝飾的物品是金箔鍍金。用粉末鍍金不僅較爲便宜，也比金箔鍍金來得省事，因此不論在大小區域都適合使用。如本頁的新藝術派風格雕帶。金屬粉也可用於製造銅銹以增添戲劇性（見104-105頁）。

市售金屬粉有多種顏色，包括此處使用的金色。粉末是用塗刷或抖落的方式，黏附於塗有一層薄薄貼金膠水的表面。由於金屬粉帶有劇毒，不可吸入任何粉末，因此一定要戴上可以蓋住鼻子和嘴巴的面罩及護目鏡。另外，在塗抹貼金膠水時，房間一定要通風，但是處理金屬粉時則不需如此。

以金屬粉鍍金的唯一條件是，鍍金的表面必須相當平滑，而且沒有吸收力。如果是裸木和灰泥這類具有吸收力的表面，應該先上一層底漆，或者用砂光封漆封住表面。

保護層

以金屬粉鍍金後的表面需放乾3天，才能塗抹白色亮光漆或蟲膠漆（見140-141頁），塗料以1：1的比例用工業酒精稀釋。

工具和材料

油性貼金膠水的乾化時間從1小時到12小時都有（見100頁的要訣部分）。塗刷金屬粉的工具時，使用一疊棉花、駱毛刷或軟毛化妝刷（見128頁的特殊刷子）。在製造仿古效果時，則使用添加工業酒精稀釋後的法式琺瑯漆。

金仿古

1 若是要以金屬粉或金箔仿古，只要塗刷大量的法式琺瑯漆即可（以1：1的比例用工業酒精稀釋）。

2 用布輕輕按壓去除部分法式琺瑯漆，並露出下面的金色層。替代方法是在外層潑灑很多清漆（見60頁）。

1 以些許美術油彩爲貼金膠水染色（當然你可能比較喜歡使用水性貼金膠水，見100-101頁），這可以幫助你辨認塗抹膠水的部位。以軟毛刷塗抹膠水，刷成均勻且薄薄的膠膜。放到膠水幾近乾透但仍有黏性時。

2 戴上保護嘴和鼻的面罩，並且戴上護目鏡保護雙眼。駱毛刷或化妝刷伸進放金屬粉的小罐子沾點粉末，在罐子裡甩掉多餘的粉末，接著輕輕在膠水上刷上一層薄薄的金屬粉。

3 貼金膠水放到乾透，最好放24小時。戴上面罩和護目鏡，以除塵刷刷掉鬆動的金屬粉，並用吸塵器把金屬粉吸乾淨。接著用軟布或棉花將鍍金區域輕輕擦到整個看來很光亮爲止。

「黃金」飾品 以金屬粉為小飾品鍍金，是種既快速又便宜的方法，如圖中的塑膠葉片，就被換裝成燦爛耀眼的金飾。依照上面的步驟，以金粉、銅粉或銀粉鍍金。

金生銅銹

這個技巧被運用在那些表面被塗抹上金色或金箔、金屬粉的塗層，增添一些戲劇性的效果（這個技巧甚至可以直接用於金屬鑄物上）。

銅銹效果複雜的外觀，使人誤以爲這方法也很複雜。法式琺瑯漆、工業酒精和噴漆，以不透明色層和透明色層的方式層層堆砌。

此方法適用於可以平放處理的物件，如左上圖的噴金踢腳板和硬質纖維雕帶。此雕帶因爲沿著三角形模板噴漆色彩，而更增添風貌。

自古以來就有各種使金屬產生綠銹的方法。今天的化學綠銹法是最常使用的方法，但這方法含有劇毒而且對眞金無效。

這裡的方法是利用古銅色塗料，不僅較安全，還可做出古銅色的外觀成果。要爲金箔或金屬粉添加古色古香的綠銹風采，只需照著102頁的方法處理即可。

面漆的重要性

除了使用眞金外，其他的金屬粉刷品暴露於空氣後，顏色都會越來越黯淡。因此粉刷完後塗上一層油性清漆加以保護，是很重要的步驟。而且，這也可以讓相當容易龜裂的法式琺瑯漆變硬，因爲法式琺瑯漆也是此方法的其中一樣材料。

不要使用具酒精性的清漆（見154-155頁），因爲它會將稀釋法式琺瑯漆的工業酒精分解（用於步驟2-3），而破壞整體效果。

替代材料

專門材料店可買到法式琺瑯漆。如果買不到，可以用木頭染色劑和白色亮光漆調製，方法見156頁。

另一種的替代法，則是以油性清漆添加美術油彩調色，再以1：1的比例加松香水稀釋。依照右頁步驟以這種混合塗料塗刷，但這時工業酒精必須換成松節油。

安全事項

進行步驟3前，先戴上護目鏡保護眼睛，以免被潑灑的工業酒精或松節油噴到。工業酒精的毒氣具有麻醉性，而且有時會引發氣喘；不論使用的工業酒精分量多少，都該戴上防毒面罩和護目鏡。

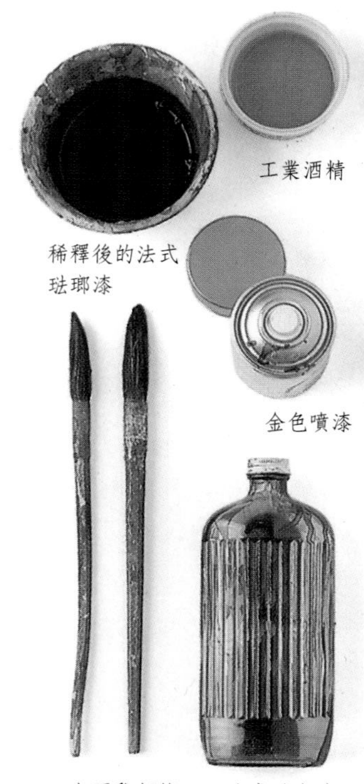

工具和材料

法式琺瑯漆可在專門材料店裡購得，如果很難買到，可依照156頁的方法製作。市售的法式琺瑯漆要以1：1的比例加工業酒精稀釋。你需要三到四種不同的顏色，其中至少要有兩種褐色。準備兩支尖頭雞貂筆或尖頭畫筆：一支用來塗刷法式琺瑯漆，另一支塗刷工業酒精。

1 以工業酒精稀釋不同顏色的法式琺瑯漆。接著將每種顏色一一塗上，並用一些顏色以雜亂方式塗刷成零落塊斑，其他顏色藉由畫筆碰撞手指潑灑至表面（潑灑法說明於60-61頁）。

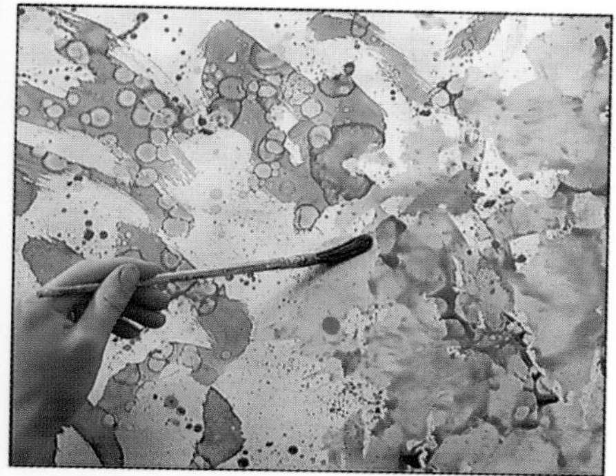

2 乾淨的畫筆沾些工業酒精（目的在溶解法式琺瑯漆），塗在漆成塊斑的區域，連結部分塊斑，有些則完全覆蓋（可使塊斑變得幾近透明）。動作要快，而且盡量處理成隨機的效果。約放置5分鐘以使酒精揮發。

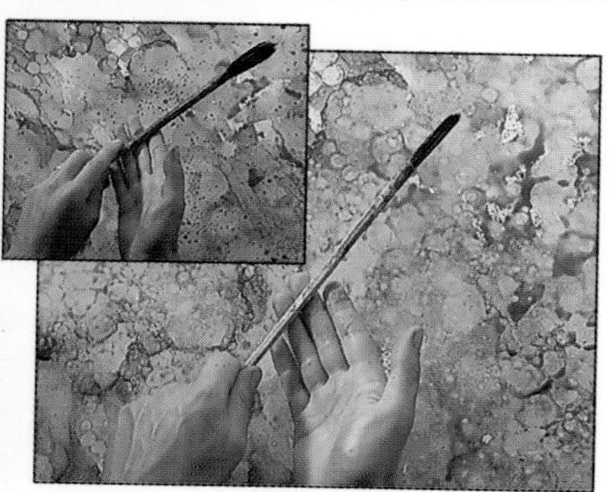

3 畫筆沾些沒有稀釋過的法式琺瑯漆，輕拍手指將琺瑯漆潑灑在整個表面，形成彩色的小圓點。盡量讓小圓點分布均勻。接著用相同的方法潑灑工業酒精，這會使琺瑯漆溶解，變成外觀複雜且變化多端的小水窪。

4 在工業酒精未乾的地方，輕輕且隨意地噴些金色噴漆。噴漆會和酒精產生作用，形成破碎的圖案，使成品的效果更加柔和。如果你處理的是金箔，可以省略這個步驟，因爲金箔比金色塗料更光彩耀眼。

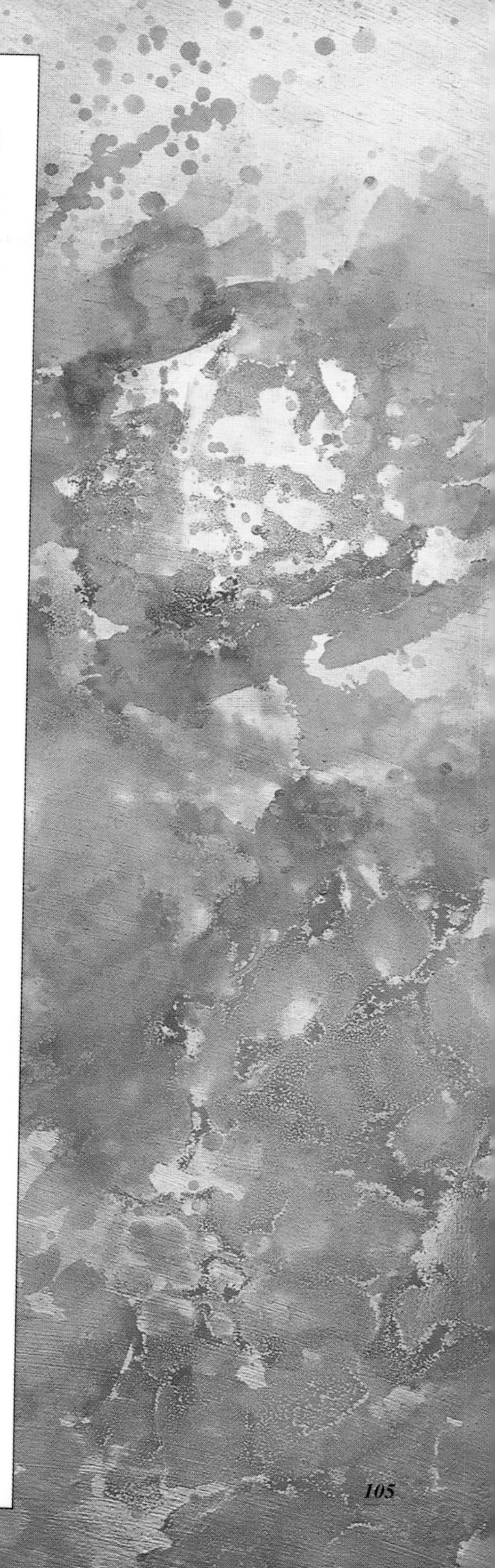

彩繪玻璃

雖然彩繪玻璃不是種複雜的技藝，卻仍需要接受專門的訓練和專業配備。但另一方面，這種生動活潑的仿造品，其實也是可以輕鬆完成的；而且撇開成品容易刮損的缺點外，它可是很難辨別眞僞的。

仿製彩繪玻璃的方法，是在玻璃上塗繪彩色塗料後貼上鉛條。右頁的彩繪玻璃圖案是以麥金塔許（Charles Rennie Mackintosh）的設計圖爲依據。左上圖的窗飾圖案與右頁的彩繪圖案，都是取材自某家具鑲嵌圖案的細部。

法式琺瑯漆是彩繪玻璃的染色劑，專門材料行售有各類顏色。要使顏色更加細膩，可以用工業酒精稀釋，但避免混合不同顏色的琺瑯漆，因爲混合的結果常造成顏色黯淡混濁。

祕訣

想讓琺瑯漆黏附玻璃上，塗抹前先用工業酒精徹底清理玻璃的表面。盡量別讓琺瑯漆黏到皮膚，因爲它的黏性很強。法式琺瑯漆乾透後容易龜裂，而且容易受傷刮損，所以你可以蓋上一層玻璃或有機玻璃（perspex，一種透明的樹脂壓克力玻璃）保護你的作品。還有，將這項裝飾法用在小孩碰不到的區域也是個好主意。

裝飾功效

這種技巧容易讓人陶醉其中以致過度修飾，也因此破壞整體效果，所以動手前需要深思。彩繪玻璃用於畫龍點睛的效果最好，如門上的玻璃鑲板，天窗和玻璃，千萬不要在每面玻璃上都畫滿彩繪玻璃。此外，比起寫實圖案，抽象的花樣或圖案通常比較容易彩繪。

圖案構思　除了現有的彩繪玻璃圖案之外，所有成對比的圖案皆可作為靈感來源：上圖是中世紀磚瓦的圖案。

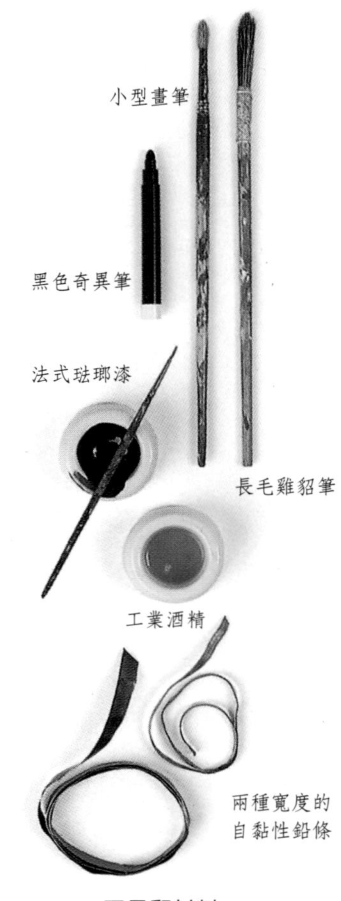

工具和材料

柔軟易刷的畫筆（如長毛雞貂筆）是這項技術的基本工具，外加幾支小型畫筆。以法式琺瑯漆作為染色劑（自製法見156頁）。工業酒精用於步驟2，是用來稀釋步驟1塗抹的法式琺瑯漆，塗刷工業酒精時，房間一定要通風。而自黏性鉛條可在DIY店購得。

鉛有毒，鉛條處理好後，手不要碰到嘴巴，而且要把手洗乾淨。

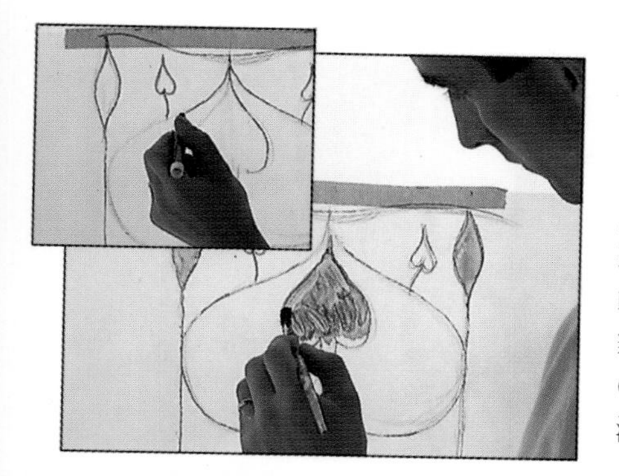

1 在描圖紙上畫出圖案後，將描圖紙貼在玻璃的背面。想要更精準的圖案，可用黑色奇異筆，將描圖紙上的圖案描到玻璃的正面，再使用非常柔軟的畫筆（我使用長毛雞貂筆）塗刷法式珐瑯漆（以1：1的比例加上工業酒精稀釋）。

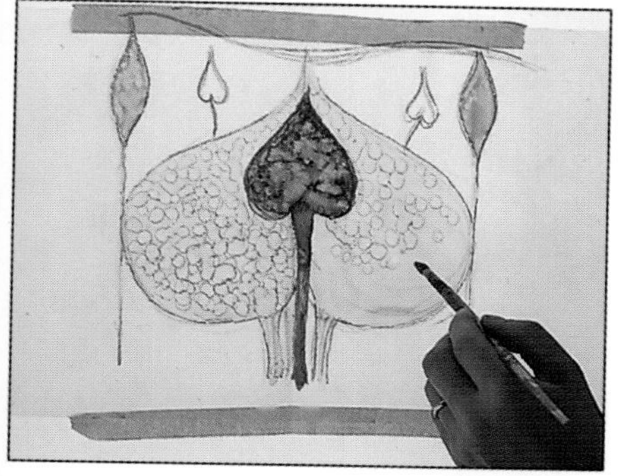

2 由於珐瑯漆會很快乾化成透明漆膜，因此很難避免不會留下明顯刷痕。爲掩飾刷痕並製造斑點效果，可用小型畫筆沾些工業酒精輕點珐瑯漆層。儘管珐瑯漆已乾，還是可以溶解它，並製造出圓環和圖案。

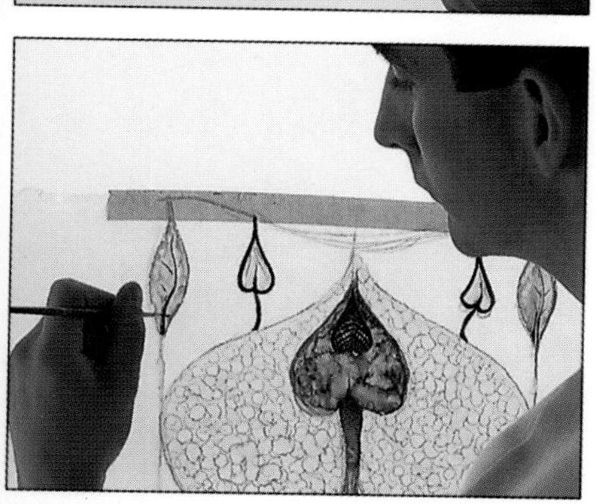

3 拿另一支小型畫筆，沾些沒稀釋的黑色珐瑯漆，描繪圖案的細部花樣，如圖中的葉脈。也可以用沒稀釋的珐瑯漆，描繪輪廓上細到無法用鉛條做輪廓的線條。

4 珐瑯漆乾後，小心將自黏性鉛條黏在圖案的輪廓上。曲線幅度較小的區域，只需沿著幅度拉展鉛條；幅度過大時，可拿一把堅固的剪刀，在鉛條的內緣剪幾個小缺口。鉛條會蓋住奇異筆留下的描線。

繪製花樣

雖然要使裝潢者轉型成繪畫老手沒有捷徑，但你仍然可以運用很多既容易又有效的方法做出繪製圖案，而且這些方法在本章中都有說明。

在這些方法中，鏤花可能是最變化多端的方法，就連最簡單的鏤花圖案，也能做出逼近畫家手繪作品的效果。剪紙是深具傳統的紙雕藝術，也是我在影印圖上繪色的靈感來源，偶爾使用可以增添裝飾趣味，或用作華麗設計的一部分。

最後兩種方法，是可以提升你繪製幻覺畫作的灰色裝飾法和視覺幻象法。

影印圖片是廉價的牆面裝飾物，可以如圖中的半獅半鷹圖一樣，保留原有的黑白色，也可以手繪上色

還可以將不同於背景色的顏色，塗繪在油氈紙的凸出部分，使其顯眼

想要有個繪圖依據，可以將描有圖案的描圖紙放在所要裝飾的物件表面，用鉛筆用力描繪描圖紙，將圖案轉印到物件表面

不同的鏤花效果。左圖是噴漆上色，
下圖是點畫上色

彩色影印圖可用於顏色細膩的
設計，尤其是圖案重複的設計

複雜鏤花用於有圖案的表面上，
可讓人有精心繪製的印象

圖，複雜的
花圖案

過色的
件和壁畫

製作鏤花

自己構思並製作鏤花模板是既過癮又值得的事。儘管過程耗時而且需要極大的耐心，但是目睹自己的設計成形後，心裡應該會覺得驕傲又滿足，何不現在就動手做做看。

左上圖的藍色鏤花牆面，就是個可執行的創作範例。當然，你不需要從如此複雜的設計著手，開始時可以先嘗試簡單的構圖，再慢慢提高複雜度。一旦你熟悉這類技巧後，能限制你的就只剩下創意了。

數百年來，都是在銅片或錫片上鏤花，或者更常見的是在鏤花模板上鏤花，至今這種模板在美術材料行還是買得到。鏤花模板是將堅韌的馬尼拉紙板浸於蟲膠漆或亞麻仁油中製成的（自製方法見156頁）。

一旦割好自己設計的鏤花圖樣，便要將鏤花模板的兩面都噴些塗料，以防止模板在塗抹水性塗料時開始捲曲。

鏤空區和橋撐

製作複雜圖案的祕訣，端賴你如何利用「橋撐」連接不同部位的圖案。切割出來的「鏤空」區域必須和外緣緊緊相連，使鏤花模板整塊完好。

橋撐的間隔要有規律，否則鏤花模板會散開。稍加練習後，你應該就能將橋撐與鏤花設計結合。處理精緻圖案時，盡量將橋撐割細一點。如果是簡單的圖案，如115頁的魚群圖案，則完全不需要橋撐。

如果你切割出的圖案相當精巧複雜，可以在模板的背面先黏一張裁縫用的襯布，幫你免去模板散開的危險。模板如果有破損的話，可以使用防水的黏性紙條來修復。

參考材料 右頁所示範的鏤空花樣，是取自這本19世紀裝飾圖案的書（你可以看到我們要放大的花樣區域）。有圖案的紙和織品也是靈感的好來源。

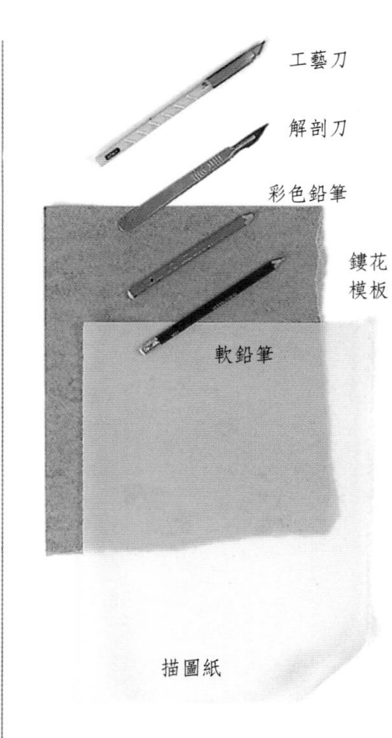

工具和材料

切割圖案時最需要的是耐心，外加一把鋒利的工藝刀。如果使用的是解剖刀，割時不要太用力，否則刀片會斷裂飛噴。如果要切割的東西很多，建議你購買切割墊。

預見圖案

從圖中可以看到鏤花模板（下圖）塗刷塗料後的圖案（上圖）。動手前先在紙上試塗鏤花效果，這是不可省的檢驗工夫。

1 在原始圖案上畫出格線，並在每條直線和橫線上標示符號與數字（如果圖案取自織物，可以先繪圖或拍照，再進行這個步驟）。決定你要的鏤花尺寸，在描圖紙上根據新尺寸畫出格線，接著臨摹原始圖案，一次臨摹一格。

2 描圖紙翻面黏在鏤花模板上。以鉛筆在描圖紙背面描繪圖形，描時用力下壓，將先前以軟鉛筆在正面描繪的圖形轉印到模板上（步驟1-2的便捷法就是將原始圖案影印放大後，直接黏到模板上後切割）。

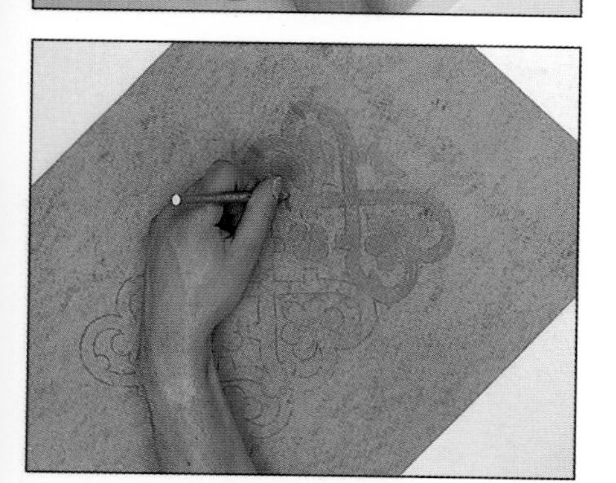

3 這個步驟要先在模板上直接為圖案上色，好處是可以對圖案的具體成果有概念。以彩色鉛筆依序畫出橋撐，以連接圖案中的鏤空區。橋撐還可使鏤空後模板較為堅固。

4 割除塗有顏色的鏤花部分，但不要割斷橋撐。千萬要慢慢割，且割得精確，效果才會好，也比較不會割到手。如果眞有割壞或撕破的地方，可在背面貼上黏性紙條。

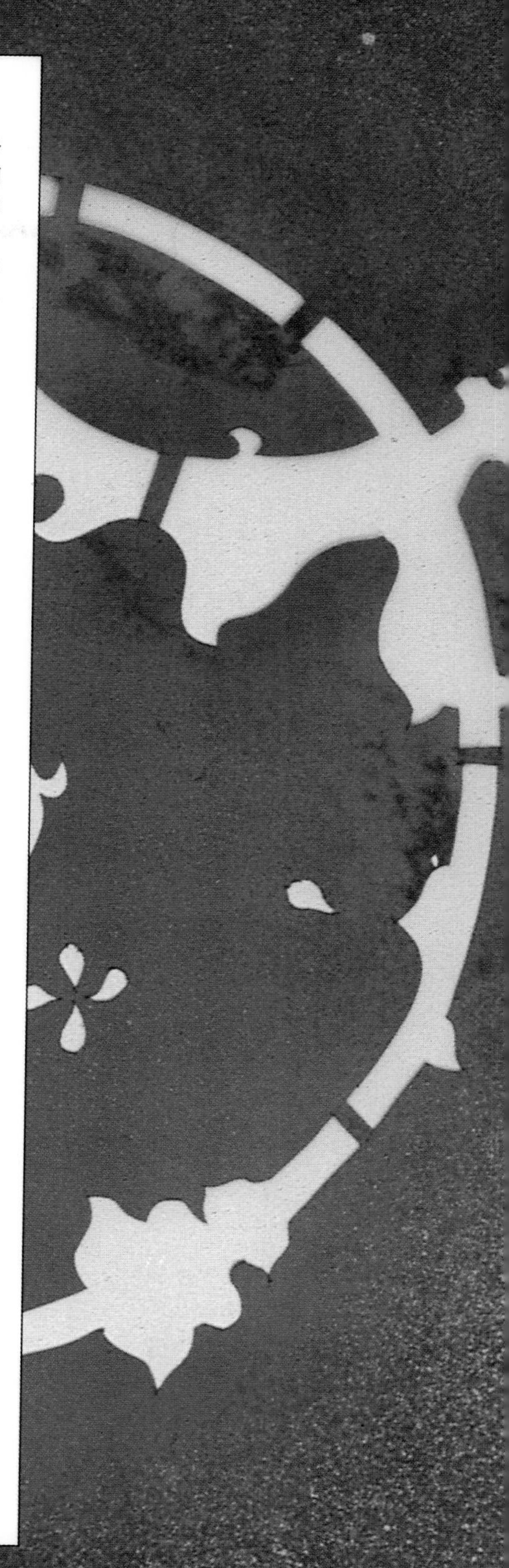

鏤花的運用

爲房間添加花樣和圖案時，鏤花是方便又不貴的方法。這是最簡單的裝飾法，利用鏤花模板將塗料點畫至表面（見130-131頁的工具與材料），做出迷人又柔和的圖案，而且這也是工廠製造的鑲邊和壁紙無法做出的效果。

左上圖法式廚房的灰泥粗面牆，是鳶尾花的鏤花圖案。可以像我一樣，隨意添加細部描繪，使你的鏤花圖案更像徒手繪製的畫作，輕輕砂磨使圖案帶有褪色的風采，或者塗上薄薄的稀塗料使圖案融入牆面背景。

點塗鏤花圖案時，我通常使用乳膠漆，因爲這種塗料顏色多又快乾，而且可以用在很多不同材質的表面（見152-155頁的表格）。其他的塗料如噴漆，也可用於塗刷鏤花圖案；成果呈現於右頁。

刷子上只需吸附一點塗料，所以開始塗刷前，先在廢紙上抹掉過多的塗料。徒手繪製細部時，使用貂毛畫筆或線筆及稀釋過的乳膠漆（比較容易塗刷）。此處的中世紀鳶尾花圖案，我使用兩種中世紀的代表色：深蘋果綠和枯葉色。

融合技巧

鏤花圖案經過輕柔地砂磨，使圖案和龜裂的灰泥牆達成協調，同樣帶有老舊、褪色的質地。砂磨可以使木頭上的鏤花圖案，呈現與背景木紋相同的粗糙木紋，也可以使海綿粉刷或淡彩粉刷牆面的鏤花圖案，呈現和背景牆面一樣的柔性不對稱感覺。想進一步使鏤花圖案和它的背景更加融合，可以在兩者的外部塗上一層薄薄的稀釋乳膠漆，就如我在右圖所做的。

鏤花技巧也可以和爲木頭塗上石灰的技巧結合。右下圖的圖案，是在鑲板上鏤花後，再擦塗石灰蠟的成果。

圖案和重複

如果你想利用鏤花圖案製作鑲邊、雕帶或規律重複的圖案，在圖案構思好後，必須先測量大小並畫出鏤花的位置。如果省略這個步驟，可能造成整體效果不一致，如圖案可能在房間角落拙劣地銜接，或是在天花板處被砍成一半。可以使用酒精水平儀畫出精準的水平線，並以錘線畫出精準的垂直線。

工具和材料

使用硬毛裝潢刷或油印筆點畫鏤花圖案，然後使用貂毛畫筆或線筆隨意描繪細部。

特殊效果

上圖的灰泥牆，先依照步驟1-4塗繪鏤花，接著塗刷稀釋乳膠漆；下圖的鑲板，先塗繪鳶尾花，然後塗抹石灰（見58-59頁）。

1 測量出想放鏤花的位置，並用鉛筆標示出來。以長尺作爲度量的工具，用酒精水平儀畫出水平線，以錘線畫垂直線。

2 用黏性低的黏性紙條或膠水固定鏤花模板。刷子沾點乳膠漆（塗刷前先抹掉過多的塗料），以快速且輕巧的手法點畫鏤花。使用硬毛裝潢刷（圖中所用）或油印筆點畫。

3 塗料乾後取下模板。以貂毛畫筆（圖中所用）或長毛的線筆，描繪輪廓和添加細部，乳膠漆須以1：1的比例加水稀釋，才能順利塗繪。

4 要使新製的鏤花圖案看似老舊褪色，可等塗料乾透後，以100號砂紙輕輕砂磨。這個步驟可以在灰泥和裸木等有紋理的表面，或在海綿粉刷或淡彩粉刷（見46-51頁）過的平滑表面，製造出迷人效果，並得到柔和的色彩變化。

鏤花效果

以鏤花鑲邊裝飾樸實的牆面，已經越來越常被運用在家中、餐廳和飯店裡。不過多數人依舊不清楚，鏤花在裝飾上的用途有多廣泛，也不清楚它們作爲裝飾輔助物的效果有多好。

祕訣是，不要只把鏤花模板想成修飾外觀之物，而是將其視爲可以補強，或是使其他特殊粉刷技巧更精巧的基本模板。

鏤花本身的圖案可能相當複雜、具創意，而且是以新奇顏色著色，或者，使用它的方式也可能很細膩有趣，如用在有圖案或有洞孔的背景上。

最簡單的鏤花用法是重複圖案，以形成連貫的鑲邊花樣。較複雜的效果是把鏤花圖案重疊，而且每次稍加改變重疊的位置（見115頁的橡樹葉鏤花圖案）。有些一大片的設計還可視作絕佳的「壁紙」，如110頁左上圖的繁複鏤花圖案。

不同的強調法

要使鏤花設計更細膩有質感，可將鏤花放在有紋理的粉刷物上，如淡彩、潑灑或木紋粉刷（見右頁門上看似鑲嵌細工的薊花鏤花），甚至放在有洞孔的屏風上。鏤花非常適合應用在裸灰泥牆面上。或者，你也可運用塗料使鏤花效果更爲有趣。你可塗上淡淡的淺色稀釋乳膠漆，或者潑灑塗料、釉料甚至清漆。

塗料種類和顏色

除了以硬毛刷和乳膠漆點畫外（見112-113頁），也可以使用蛋殼漆或美術油彩。使用這類油性塗料，比較容易調和顏色，描繪柔和陰影，因爲這類塗料維持濕潤的時間較久。你也可利用噴漆，使圖案的邊緣帶有柔和感，只要施加在噴嘴上的力道稍作變化即可。

鏤花噴上金色和銀色噴漆可爲設計增添輝煌風采。100頁左上圖的金色圖案就爲該室內裝潢增添了無比的迷人魅力。

鏤花模板技巧

模板可以鏤花、作遮蔽物，也是很好的輔助工具。如上圖我先以鉛筆在模板上描出輪廓再鍍金，見100頁；而在81頁中，我則利用遮蔽物隔開塗刷區域。

背景效果

從這兩個圖裡，可看出在不同的背景下，如何使鏤花圖案得到不同效果。顏色可用以柔化或強化鏤花的不同部位。在灰色背景中，強化的是鏤花的鑲邊；紅色背景中，強化的則是鏤花的中間部位。

重複鏤花

單一圖案可以重複並作出整體圖案，或者用以填滿特定區域，如下圖的薊花圖案，是特別為木紋木門鑲板設計的。重複鏤花也可作成環繞房間的鑲條。

右圖的美國橡樹葉圖案，重疊於葉片上金色消失的地方，而兩個鏤花圖樣通常用來為葉片添加葉脈，割有指示洞使模板能和金色葉片對齊。傳統上，這種塗金色的方法，是將金屬粉撒到貼金膠水上。我則選用比較簡單的方法，以點畫法塗上金色塗料。

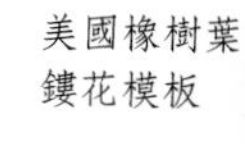

美國橡樹葉鏤花模板

下圖，有指示洞的鏤花圖案

以金色塗料點畫的鏤花雕帶

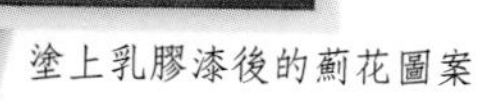

塗上乳膠漆後的薊花圖案

細膩的鏤花效果

圖案複雜且「橋撐」明顯的模板，如果將鏤花圖案安置在有孔洞的物件上，可將連接鏤空區域的「橋撐」，偽裝得較細膩不明顯，如下圖所示的木製屏風。

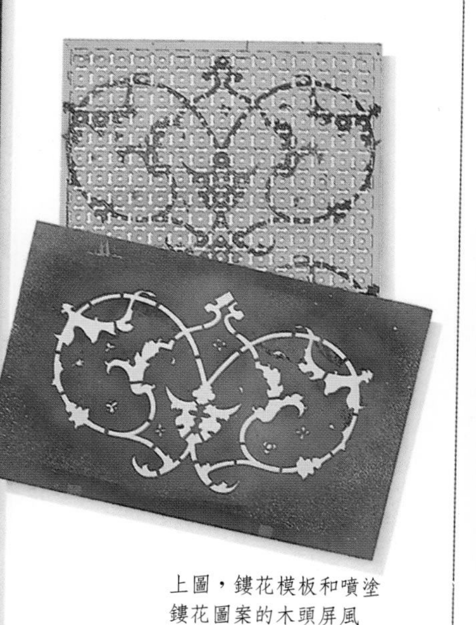

上圖，鏤花模板和噴塗鏤花圖案的木頭屏風

顏色變化

單一圖案的鏤花可以部分貼住或遮蓋，若以分別點畫或噴塗不同顏色的方法鏤花，就能以顏色來強調圖案的不同部位，就品質上來說，比較能和背景顏色配合。

影印圖案的運用

剪紙藝術（紙雕）由來已久，而且系出名門。18世紀末期，就有一股紙雕的風潮，當時會將紙雕作品貼在牆上並且上色。

雕版品的黑白線，在影印圖上會完整重現。我影印書上的古代裝飾物，並拿這類影印圖作爲裝潢時的必要輔助物；不是如左上圖臥室裝潢般以黑白呈現，就是手繪上色。

另外，彩色影印圖也是很有用的物件（見56頁左上圖的法式皇家書房）。

紙可以黏在任何粉刷過或貼上壁紙的硬質表面，也可黏在裸木、灰泥、硬質皮革表面。將聚乙烯樹脂以1：1的比例加水稀釋後，就是黏貼紙材的黏料，而壁紙漿糊也是可用的材料。

右頁的影印圖案使用稀釋乳膠漆上色，此外壓克力塗料、樹脂顏料、美術水彩和美術油彩都是可用的顏料。

保護影印紙

若沒塗刷清漆，紙類會褪色而且可能破損；塗一層稀釋的聚乙烯樹脂，就足以保護黏在牆上的剪紙。若是剪紙容易變濕，最好使用防水性的清漆，如乙烯醋酸乙烯酯（EVA）或壓克力塗料（見140-141頁及152-155頁）。剪紙若黏在易耗損的區域，則須塗強力油性清漆加以保護。

如果是要作維多利亞式紙雕仿古，可塗上一層琥珀色的法式琺瑯漆；想添加龜裂外觀則可塗刷裂紋漆（見140-141頁）。

省時方法

複雜圖案不必剪得非常精確，因爲是要黏在塗有塗料的表面，任何不要的部分都可用和背景色顏色相同的塗料塗掉。

視覺幻象效果（左圖）　這幅有塗料的剪紙圖案，是120頁左上圖視覺幻象室內設計的一部分。比起重頭繪製圖案，黏貼剪紙後再上顏色的速度快多了。

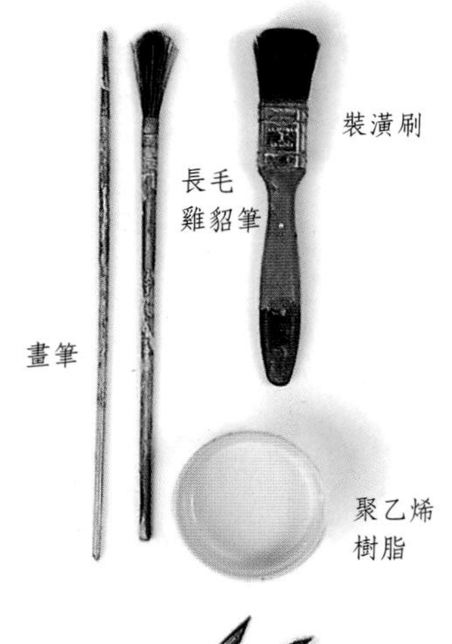

工具和材料

以解剖刀或工藝刀切割影印圖，以裝潢刷黏糊並塗清漆。以紙類而言，聚乙烯樹脂是最佳的黏著劑和清漆。接著，以畫筆或雞貂筆這類小型刷子塗刷塗料。

剪紙著色

我用水彩為這些18世紀的雕刻物影印圖著色，如此它們就能融入牆上18世紀的典型綠色之中。

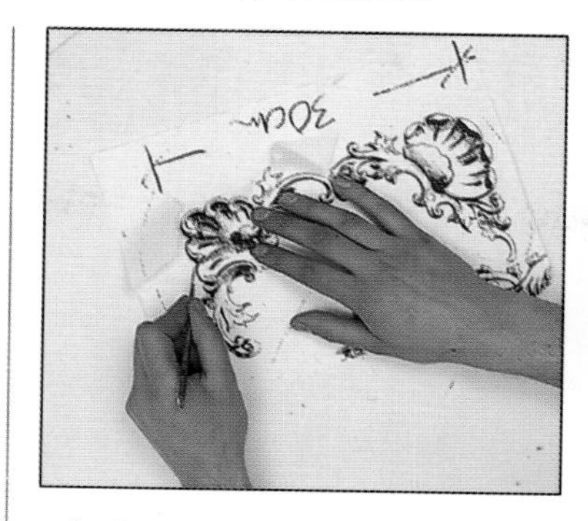

1 將影印圖放在平滑且堅硬的表面上，一手固定圖案，一手以工藝刀或解剖刀切割圖案。

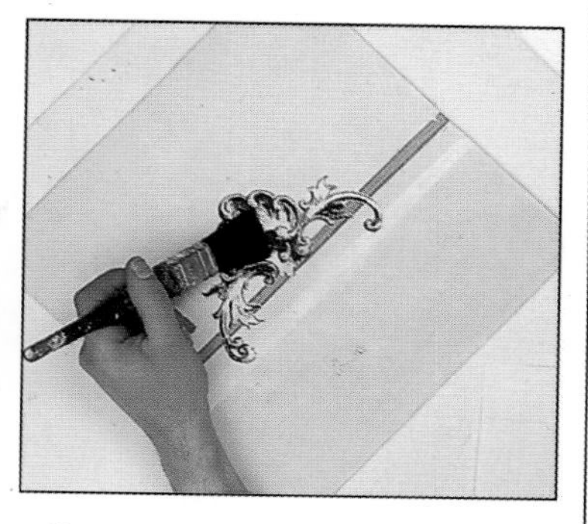

2 用裝潢刷在圖案兩面塗抹聚乙烯樹脂（以1：1的比例加水稀釋）。圖案放在正確的位置後，用刷子刷平。

3 紙圖會同時乾化並平整收縮。接著再用乳膠漆以1：1的比例加水稀釋塗刷圖案，顏色須和背景色相同。

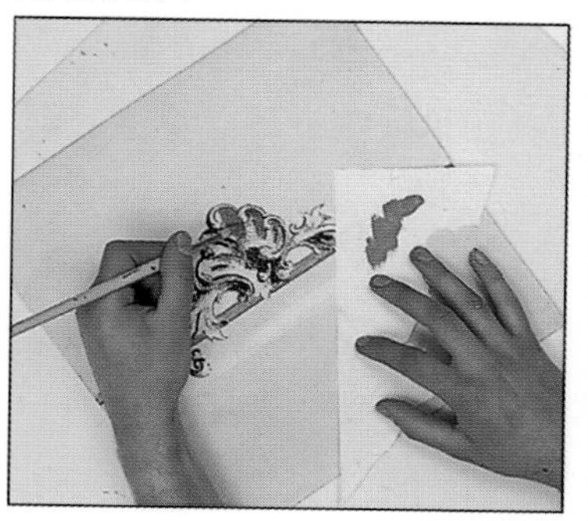

4 乾透後以畫筆描繪陰影，利用剪紙的黑色區域作為描繪依據，並以手指調和塗料。

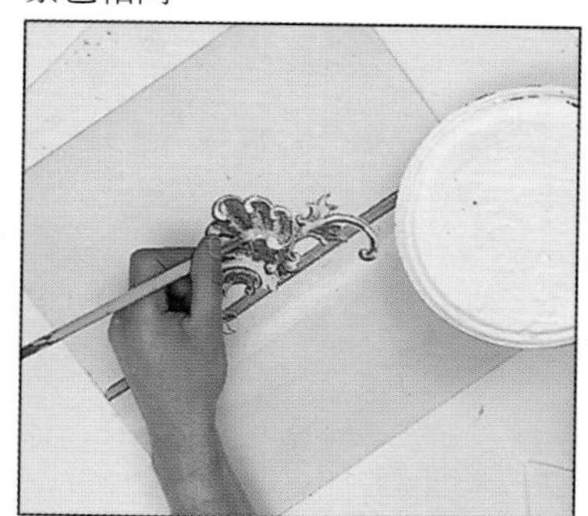

5 明亮部位以白色塗料描繪；利用圖中代表浮雕的部位作為依據。塗顏料時盡量塗得俐落點。

6 以手指弄污白色塗料，使明亮區和背景區中間的區域較為柔和。乾透後，以聚乙烯樹脂或清漆封塗影印圖。

灰色裝飾法

自有裝潢以來，灰色裝飾法一直非常受到歡迎，而且是最簡單有效的視覺幻象形式。

以黑色、白色和灰色塗料製造出來的陰影，常用來模仿立體物體，如石頭和漩渦花飾，以及如左上圖房中的門框這類外觀結構。

右頁步驟示範在灰泥牆上，以黑白畫法模仿壁帶鑲板的方法；120頁則是被繪成彩色的相同壁帶（方法較為複雜），從120頁左上圖的餐廳設計中，可以看出它也是華麗有趣的視覺幻象一部分。

遵循灰色裝飾法以水性塗料為基礎的傳統，我使用了水性乳膠漆，不但容易塗刷且乾化速度很快。其他適合的塗料，包括添加松節油稀釋的美術油彩，然而它的乾化時間可能要24小時；另外還可以選擇自製的灰泥底塗料（製作法見156頁），這種塗料相當快乾。

事前準備和完工

塗有乳膠漆的表面，由於不具吸收力，最適合應用於灰色裝飾法中。至於已經塗過油性塗料的表面，如蛋殼漆，則須塗抹漂布泥或白堊粉（見144-145頁）以吸取油脂。灰色裝飾法有可能會被磨損，因此需要再塗一層無光油性清漆加以保護。

在右頁中，我示範模仿壁帶鑲板的方法，以系統性的線條繪圖代表明暗光影。我以鑄造的護牆線長板或相框作為輔助工具，因此可以繪出不會產生污斑的直線。首先，在牆上擺置長板或相框，隆起的一邊朝上。接著，將畫筆的箍環靠在隆起的一邊繪製線條。由於只有筆毛的部分接觸到牆面，因此不會像使用尺一樣，產生塗料滲漏的危險。

完成步驟7後，如果覺得線條過於僵硬，可以用沾濕的裝潢刷輕輕刷過表面。

畫框的塗繪

採用右頁所示範的明暗系統畫法模仿畫框。依據真的畫框橫截面，畫四次截面圖，並標示明暗凹凸處，而木頭的斜接面也要記得畫。

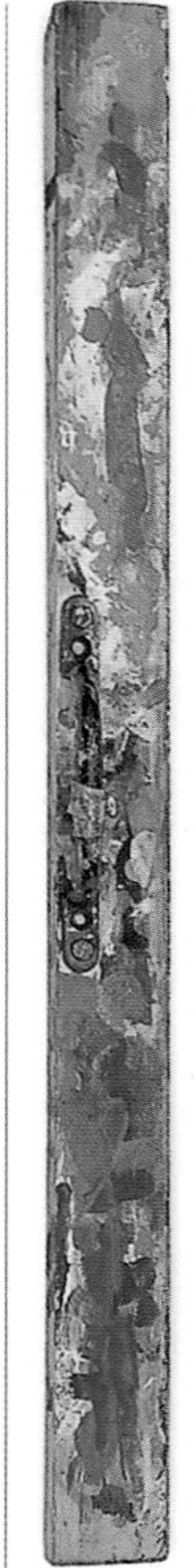

畫框邊

尖頭雞貂筆

長頭線筆

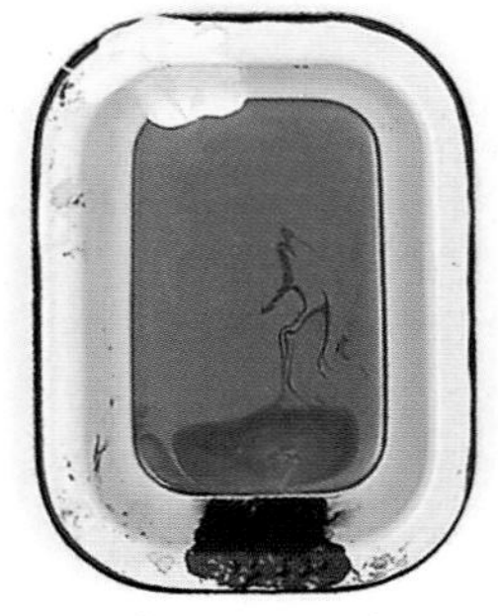

黑色、白色和灰色乳膠漆

工具和材料

最適合畫線的工具是線筆和尖頭雞貂筆。利用一條模製畫框或模製護牆線作為直尺。乳膠漆以1：5的比例加水稀釋，但是在步驟6中使用的乳膠漆稀釋比例是1：4。

明暗系統

選一塊壁帶鑲板作為模仿的範本，並在牆上描繪它的橫截面。將鑲板的橫截面平貼牆面，決定光源的落點（我的決定是由上而下）。順著橫截面，以不同顏色標記明暗，亦即標示光線投射的凸處和產生陰影的凹處；在這裡，我使用黃色和黑色作為標示。

1 依照橫截面的標示，以鉛筆畫出代表明暗的區域。

2 以淺灰色塗刷整個區域，形成壁帶的主體。

3 以雞貂筆和黑色乳膠漆畫出寬線，代表最強的陰影區。

4 爲凸顯壁帶的曲線，以沾濕的刷子柔化某些陰影區的邊緣。

5 以非常細的線筆繪製黑線，代表深凹區域和陰影。

6 繪出白線代表壁帶的受光區域。在這裡將乳膠漆以1：4的比例加水稀釋。

7 繪製「投影區」，塗料是生赭土色乳膠漆，塗刷區爲壁帶的底部和牆面。

視覺幻象法

欺瞞眼睛（視覺幻象）的粉刷效果，可用作牆面裝潢的主要或次要修飾物，如左上圖的牆面設計。我採用的方法包括使用塗料和影印圖著色。

除非你非常熟悉繪圖透視法，而且對此很有自信，否則不要選用風景畫和人物畫。

如有浮雕的壁帶和圓柱，只需描畫結構的外觀部分。在此利用明暗畫法（你也可以模仿其他作品）使畫出的圖案看似立體。

選擇紙材 如圖中的現成紙製圖案，是製作幻象裝潢的省時方法。以稀釋過的牆壁顏色塗刷紙圖，能使圖案與背景色互相融合。以上圖而言，使用的是淺灰色乳膠漆。

下圖的壁帶幻象，我是使用118-119頁的灰色裝飾法，以淺粉紅色取代灰色作爲壁帶主體色，再以更亮和更暗的粉紅色繪出明暗區域。如同灰色裝飾法需要選擇無關連的顏色繪製「投影區」一樣，此頁的範例是選用藍色。而其他外觀結構的描繪法類似，先從描繪主體的背景色開始，然後逐一繪出明暗區域。

製作外觀結構幻象的最佳參考資料，就是藝術家作品的印刷物，例如比拉內西（Piranesi）和達文西（Leonardo da Vinci）的作品。首先觀察背景的用色，並且留意其他顏色的上色順序。同時也要觀察兩種陰影：模型陰影（亦即描繪物體形態的陰影），以及投射陰影（亦即物體映出的陰影）。

傳統染色劑是色膠和灰泥底塗料（見156頁），但你也許會發現，混合少許松節油或透明油性釉料的美術油彩或乳膠漆塗料，可能比較容易塗刷。

彩色壁帶 這是視覺幻象壁帶鑲板的彩色版，如灰色裝飾法，參見118-119頁。

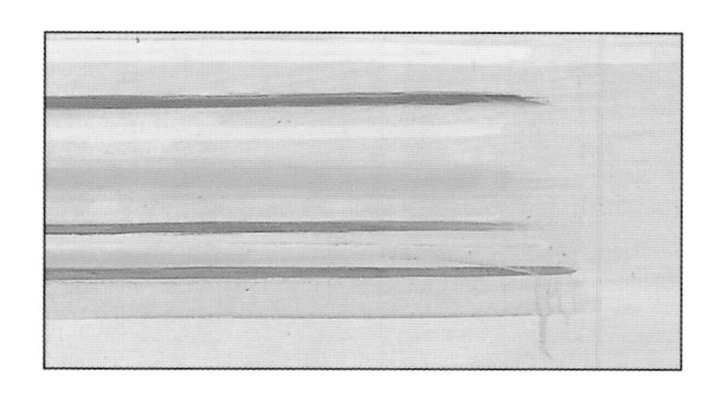

繪製牆面裝飾物

上圖雕帶中的常春藤圖案，我以鉛筆為其描繪濃暗陰影，製造看似立體的框邊。而下圖是我放大海報圖案做成的，圖案很容易處理，因為沒有陰影或融入背景色的問題。

工具、材料與裝潢
參考資料

裝潢刷

裝潢刷用於塗刷、操弄各種塗料，刷法眾多且可以用來塗抹蠟料、漿糊和粉末類等材料。

刷子種類

裝潢刷的種類很多：圓形、半圓形、平頭、尖頭和鑿形頭，尺寸從只有一根毛到25公分寬都有。

雖然採用哪種尺寸的裝潢刷以及一共需要幾把刷子，取決於修飾物的大小和塗料質地，然而許多刷子樣式的更動，全因製造者一時的心血來潮，或特定區域的裝潢傳統。

但有一件事是確定的：不論用於何種途徑，豬鬃毛的刷子品質最好。白毛刷是以白色豬毛製成，是市面上最好的裝潢刷。它的刷毛柔軟有彈性，而且有茸尾（分岔的毛），可以刷開塗料以軟化刷痕。有關刷子的清洗方法，見134-135頁。

老舊卻仍可使用的乳膠漆刷子

老朋友（上圖）

這把已使用10年的刷子，雖然箍環已經裂開，刷毛依舊深具彈性和獨特性。

扁平、卵形或圓形？

扁平形刷子最不易吸附塗料，但是在美國和英國卻是最常見的裝潢刷。卵形刷在歐洲其他國家是最受歡迎的種類。圓形刷可以非常容易吸附塗料，是以前由英國設計的樣式；依傳統的尺寸標準而言，下圖右邊的圓形刷屬於非常小的一種。

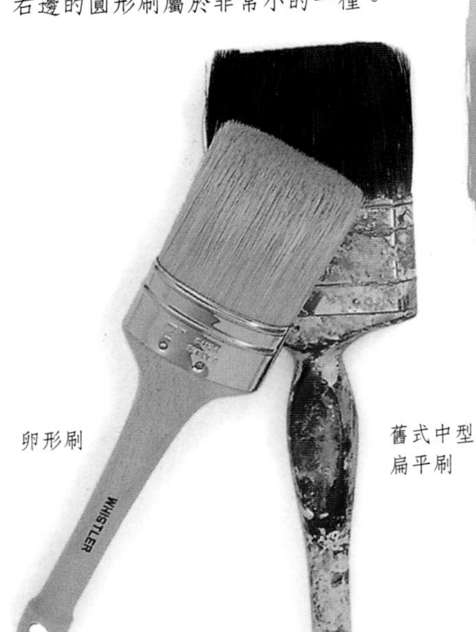

卵形刷

舊式中型扁平刷

白毛扁平刷

舊式圓形刷

不同握法

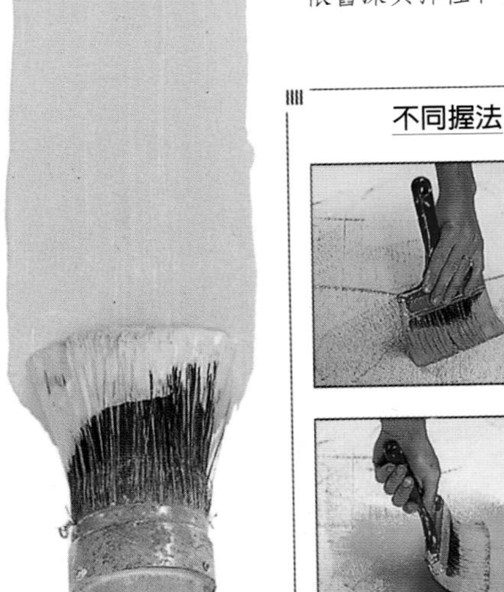

上圖示範塗刷與軟化時的握法，下圖示範大幅塗掃時的握法。

短毛框刷

白毛框刷

寬面框刷

中型鑿形頭
乳膠漆刷子

大型鑿形頭
乳膠漆刷子

短毛乳膠漆刷子

白毛乳膠漆刷子
（使用後染色）

框刷

這些3-5公分寬的刷子通稱框刷，因為它們原先是用於塗刷窗框，但事實上它們也用於塗刷所有的小型區域。

乳膠漆刷子

乳膠漆刷子的尺寸、刷毛長度和彈性，使它們在塗刷各種塗料時，覆蓋效果都很好。上圖兩把大刷子的刷毛尾部，已經磨損成鑿形邊緣，但這是優點，因為這可以使塗刷效果更光滑流暢。

旁邊這把短毛且稠密的乳膠漆刷子，是另一種很受歡迎的樣式，它還可以用來當作廉價的點畫筆。而我常把最大型的刷子稱為「小漁舟」，這種刷子用於塗刷超大型的區域。

雞貂筆和線筆

雞貂筆和線筆用於小規模工作和細部描繪上。每種次要群組的刷子質地都不同，用法也不同。有些刷子專爲修飾畫作而設計，此外，還有一些美術畫筆。

雞貂筆用來塗刷家具和襯托鑄物時特別有用。它們的形狀很多，不是圓頭就是方頭。雞貂是一種鼬科動物的舊名，以牠的毛髮製作成這種刷子。今天品質最好的雞貂筆，是用白色豬毛製成（很類似畫家的豬鬃畫筆）。

線筆材料包括豬毛、牛毛、聚酯纖維和黑貂毛，一般用在精巧的手繪畫作、家具描線和大理石紋的仿製。不論水性或油性塗料，都能使用雞貂筆和線筆。

線筆（由左至右）：
牛毛線筆、
豬鬃線筆、
聚酯纖維線筆

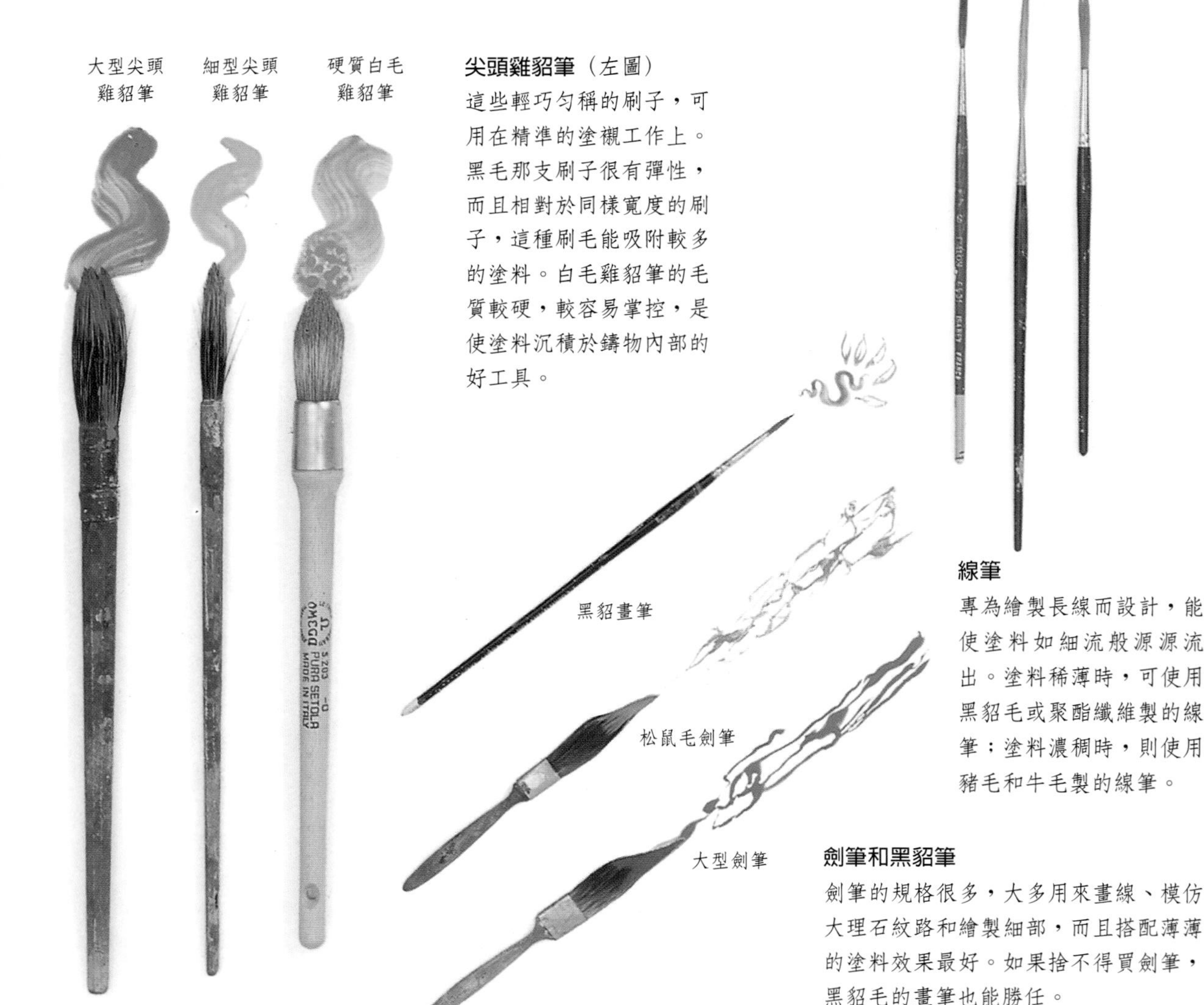

尖頭雞貂筆（左圖）
這些輕巧勻稱的刷子，可用在精準的塗襯工作上。黑毛那支刷子很有彈性，而且相對於同樣寬度的刷子，這種刷毛能吸附較多的塗料。白毛雞貂筆的毛質較硬，較容易掌控，是使塗料沉積於鑄物內部的好工具。

線筆
專為繪製長線而設計，能使塗料如細流般源源流出。塗料稀薄時，可使用黑貂毛或聚酯纖維製的線筆；塗料濃稠時，則使用豬毛和牛毛製的線筆。

劍筆和黑貂筆
劍筆的規格很多，大多用來畫線、模仿大理石紋路和繪製細部，而且搭配薄薄的塗料效果最好。如果捨不得買劍筆，黑貂毛的畫筆也能勝任。

圓頭雞貂筆

雞貂筆中用途最廣泛的一種，毛量很多，因此可以吸附大量塗料，使它們成為雜亂塗抹時的討喜刷子。圓頭的美術畫筆，也可畫出類似的刷痕，可以用來代替圓頭雞貂筆。在某些國家裡，圓頭雞貂筆也用作小型裝潢刷和框刷（見122-123頁）。

廉價圓頭雞貂筆

雞貂筆形狀的畫筆

大型圓頭雞貂筆

中型圓頭雞貂筆

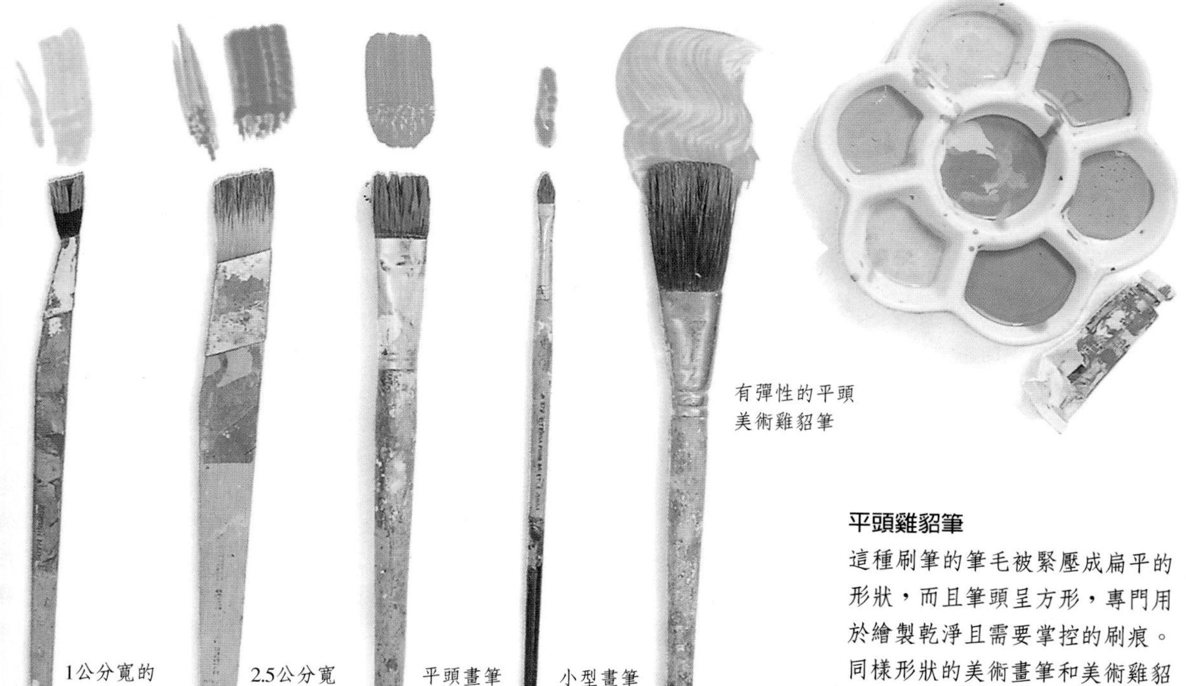

有彈性的平頭美術雞貂筆

1公分寬的平頭雞貂筆

2.5公分寬附角度的平頭雞貂筆

平頭畫筆

小型畫筆

平頭雞貂筆

這種刷筆的筆毛被緊壓成扁平的形狀，而且筆頭呈方形，專門用於繪製乾淨且需要掌控的刷痕。同樣形狀的美術畫筆和美術雞貂筆，也可以畫出和裝潢雞貂筆一模一樣的刷痕。廉價的裝潢雞貂筆，刷毛被切割成一個可以只使用一邊的角度，使得它們可以用來畫線，或是塗刷鑄物或雕刻家具上的小凹處。

軟化和清漆用刷

軟化刷是用來輕輕刷過潮濕的塗層或釉料，消除先前留下的刷子紋路，使成品的表面光滑平坦。獾毛軟化刷的質地最好，這點從價格上也看得出來；次優的是白毛軟化刷，也較爲便宜。

軟化刷替代物

除塵刷既優秀又便宜，是獾毛軟化刷或白毛軟化刷的替代物。除塵刷由又長又柔軟的豬毛製成，固定於樹脂刷毛座中，專爲弄平未乾塗料而設計，也可用作有效的軟化刷（這種多用途刷子的其他用法，見129頁）。

品質好的刷子很值得購買，並應妥善保管。如果使用不合適的刷子，就做不出好的成品。

選擇清漆刷

清漆刷的種類很多，包括下圖的鑿形頭刷子。這種刷子可以一次只釋放一些清漆，產生平滑均勻的塗層。新手有時候會比較喜歡較輕盈的長柄白毛刷或滑翔刷。

所有的刷子都一樣，盡量多試幾把刷子，直到找到適合自己的刷子。

塗刷清漆的刷子

許多刷子都可以用來塗刷清漆，包括許多人使用的鑿頭白毛刷。滑翔刷是種又輕又薄的刷子，用於塗刷需要大幅刷開的薄層清漆。擁有大量刷毛的長柄刷子，如白毛和豬鬃刷，適合用來塗刷使塗料溢流表面的濃稠清漆，而不是那種要把清漆刷開的薄層。塗刷清漆的刷子不可以用來塗刷其他塗料，因為刷毛上只要留下一點塗料，就會破壞清漆層該有的樣貌。用完的塗刷清漆刷子要立即清洗，而且不可以和塗刷塗料的刷子一起保存。

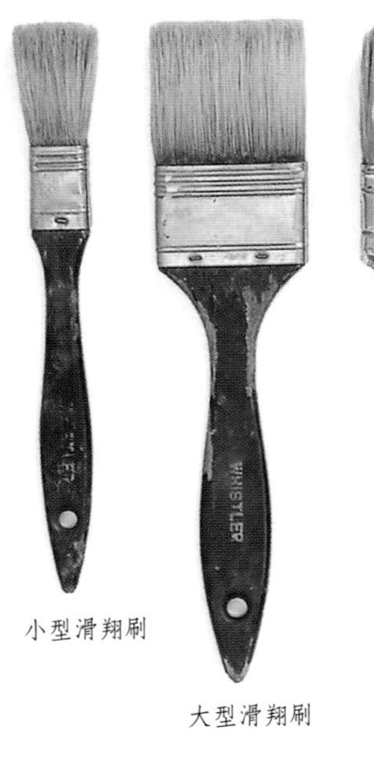

小型滑翔刷

大型滑翔刷

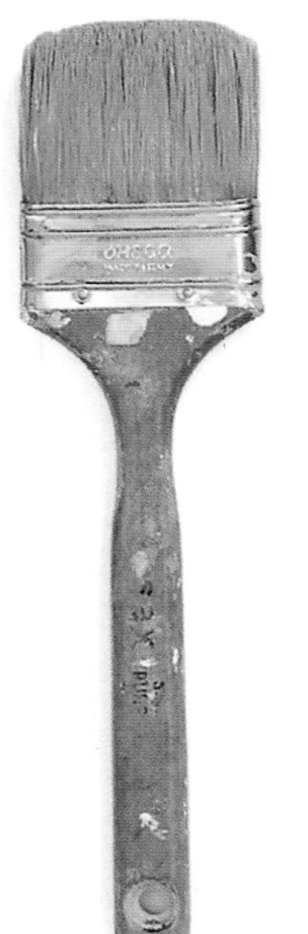

鑿形頭白毛刷

軟毛豬鬃刷

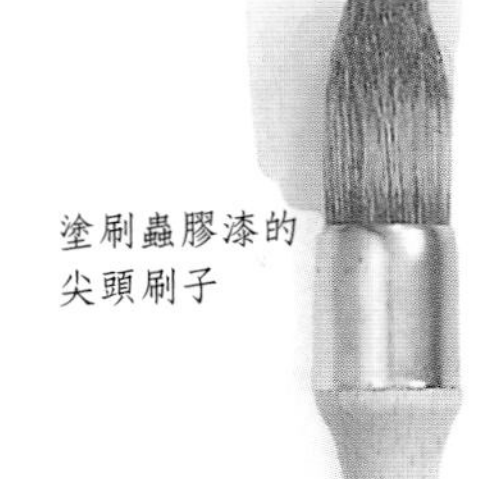

塗刷蟲膠漆的尖頭刷子

塗刷蟲膠漆的刷子

使用尖頭刷子塗刷蟲膠漆（與蟲膠漆上光不同，見163頁），刷子一旦用於蟲膠漆，便不可再用於其他塗料。

裝潢刷的
刷毛座和刷毛

用作軟化刷的
除塵刷

軟化時用的刷子

除塵刷（又稱側柱刷）或是只剩下刷毛座和刷毛的濃密裝潢刷，都可以用作油性釉料和乳膠漆塗料的軟化刷。工作時注意，要確實將刷毛上過多的塗料清理掉，而且溶劑不可接觸到刷毛座，否則它會溶解。

小型軟化刷（右圖）

獾毛刷的形狀很多，它們的價錢依據刷子的尺寸各有不同。小型獾毛刷是被設計來軟化飾品和家具上的塗料和釉料。扇形獾毛刷專為小型區域和鑄件而設計。筆形獾毛刷可以深入框架的角落和家具的鑲板中，刷出淤積的塗料。其他的軟毛刷子，如精巧的扇形畫筆、鬃毛軟化刷、松鼠毛刷子，就連化妝刷都可以用來代替獾毛刷。

獾毛軟化刷

這種刷子是軟化刷裡的佼佼者，而且已經晉身為特殊裝潢的神物，部分原因是由於它的價格，它的價格是類似尺寸裝潢刷的八到十倍。獾毛軟化刷用最好的獾毛製成，並且固定在樹脂刷毛座或橡膠刷毛座中。事實上，我們只用到刷毛的尖端輕搔塗料的表面，就可得到完美無瑕的塗面。

就跟許多人一樣，我也是用除塵刷或白毛軟化刷代替獾毛刷。它們比較便宜，而且成效也不錯。

扇形獾毛刷

筆形獾毛刷

鬃毛軟化刷

獾毛軟化刷

小型扇形畫筆

化妝刷

特殊刷子、搖板和滾筒

維多利亞時代的裝潢風格，提升了大家對粉刷技術的相關興趣，並使之蓬勃發展；再加上巴黎和倫敦的兩次大展中，前所未有地展示了仿木紋和仿石紋，更使特殊工具第一次有計畫地被製造。

在此之前，裝潢風格較傾向抽象粉刷，而且藝術家多半利用手邊現有的工具或自己製造工具。

儘管現今市面上的特殊工具或刷子，在類型上比以前多出許多，但許多工具其實只是扮演角色互換的遊戲。

本書的粉刷技巧中所需要的特殊工具，絕大部分已圖示於此節。其中有些工具的價格昂貴，但只要有的話，我都會介紹價格比較便宜，而且可以做出與特殊工具效果近似的替代工具。

斷線滾筒和橡木紋

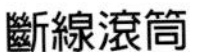

斷線滾筒

可用以製造橡木紋。將斷線滾筒的鐵片沾一些塗料，當其推過鞭刷層時，塗料便會塗擦於表面。

點畫刷和羽毛

點畫刷是用來拉除釉料的斑點。左下圖的大型點畫刷有著很長且形如菖蒲的刷毛，可以做出非常精巧的細點；較明顯的刷痕則可藉由加深力道而得。如果不想花錢買點畫刷，可以用白毛裝潢刷代替。至於羽毛則被運用於在吸附溶劑後，製造出大理石特有的石紋。

鍍金工具（右圖）

以金箔的價值和柔弱性而言，只有品質最好的駱毛刷可以用來鍍金。鍍金刷用來處理一片片的金箔，而駱毛刷（不能沾到任何油脂）則用來拂撒金屬粉。

油印筆

這種刷子具有既硬且被箍得緊緊的刷毛，以輕快敷拍的動作使用它。

駱毛刷

大型油印筆

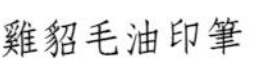

小型油印筆

鍍金刷

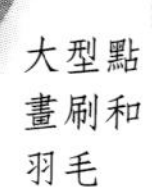

鞭刷、除塵刷和木紋刷

這些刷子都被運用在模仿出逼真的木紋，然而其中的鞭刷和除塵刷還有其他用途：鞭刷可用以推、拖拉、輕拍或點畫釉料，製造不同的木紋效果，也可當作有效的拖曳刷；而除塵刷非常好用，既可當作廉價又優異的軟化刷、斑紋刷和點畫刷，還可在釉層上拖曳，製造簡單的木紋效果。至於木紋刷製造出來的紋路，可用外紋刷或除塵刷軟化。另一種束毛外紋刷（pencil overgrainer），則用來增加寬條木紋。

搖板和耙梳

這是用來製造出逼真且迷人的木紋和抽象圖案的工具。橡膠搖板可以神奇地模仿出松木特有的年輪（如右圖所示），再經過鞭刷、拖曳或軟化處理後幾可亂真。鐵製或橡膠製的耙梳則可以輕易製造出迷人的木紋和抽象的圖案。

橡膠搖板和松木年輪

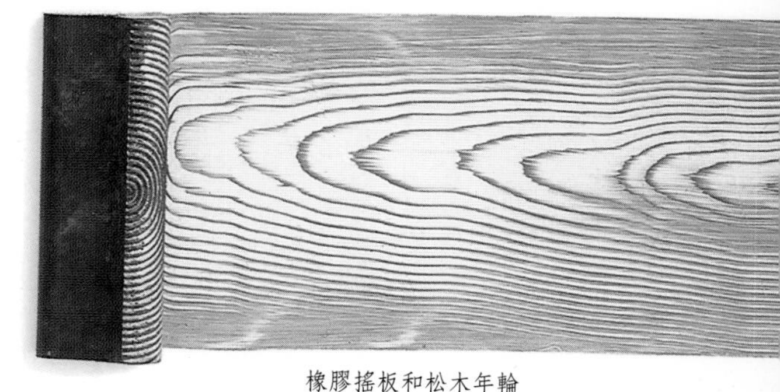

橡膠耙梳和抽象圖案

鏤花

雖然市面上有許多現成的鏤花圖案，但自己製作更能展現創意，尺寸上也更能符合需要。圖中的鳶尾花圖案，是從一本中世紀裝飾圖案的書中取得的靈感，構圖隨性新穎，是大量製造的設計圖所欠缺的（見112頁法式廚房的設計）。

製造鏤花時，只需要幾種容易取得的工具和材料（技巧說明於112-113頁）。我通常只使用油浸馬尼拉紙板，很少使用醋酸人造絲板。後者通常用在需要重複排列的設計上，但過於滑溜難切，比馬尼拉紙板還難使用。我的鏤花圖案大多都塗刷乳膠漆（有時候用噴漆），因它們的顏色選擇眾多也乾得較快。

描圖紙上的徒手繪圖

中世紀裝飾書

以油浸馬尼拉紙板製作的鏤花

鏤花和遮蔽物

上圖的鏤花圖案很迷人，而且它的輪廓很單純，因此切割下來的部分可以當作遮蔽物使用，見下圖。

沿著遮蔽物噴塗出的圖案

描繪圖案

上面描圖紙中的圖案是徒手繪得，題材取自左邊中世紀裝飾圖案的書（為了看清楚，其中一張描圖紙的切割區已經塗滿顏色）。有放大或縮小功能的影印機，可用來改變圖案的尺寸。

乳膠漆塗料

自製油印筆

細美術畫筆

低黏性的黏性紙條

解剖刀和刀片

鏤花用絕緣黏性紙條

工具

歷史悠久且最俐落的鏤花方式，是以水性塗料點畫，如水性乳膠漆。工具是使用硬毛裝潢刷或油印筆（你可以將舊的雞貂筆筆桿切掉，就成了一把油印筆）。以解剖刀或工藝刀切割鏤花圖案，然後用低黏性的黏性紙條將鏤花模板貼在牆上。

影印圖做成的裝飾鑲邊

使用影印圖片

影印圖片可以直接作為裝飾物或作為鏤花的輔助工具。貼在牆上，它們就成了便宜又容易處理的重複圖案、裝飾邊或視覺幻象圖。一旦經過聚乙烯樹脂封塗過，影印圖還可以塗刷淡彩、染色或塗釉。

繪製鏤花輪廓

以細畫筆或長毛線筆為鏤花圖案描繪輪廓，再簡單的圖案看來都會像是手工畫作(見112-113頁)。

馬尼拉紙板做成的鳶尾花鏤花

手繪輪廓的點畫鏤花

橡膠圖章

橡膠圖章是種重複複雜設計的簡單方法，如果你使用的是水性塗料，還可以維持好幾年。多數刻印行都可依據黑白設計圖製作圖章。

鏤花模板

水性塗料會使馬尼拉紙板的邊緣捲曲，使用前只要先在紙板兩面噴些噴漆，就可以預防。鏤花模板要平放儲存，撕裂處可用黏性紙條或絕緣黏性紙條修補。

橡膠圖章

刮刀、海綿和其他工具

每位裝潢者都應擁有「各式用具」：各類有用的裝潢工具、從工具箱裡挖來的工具，加上經常從廚房挖來的工具。最後一種來源就是我把塗料調製稱爲配方的原因。

創意用法

當你嘗試新的技術時，就會發現刷子、工具和其他器具的創意新用法。如長長的畫框（或相框）就是塗繪直線的好工具。以壁帶的嵌合溝槽作爲直邊，稍微凸出於表面，可將線筆的箍環靠在上面，畫出又乾淨又直的直線，不用擔心會留下污跡。

有刀片的玻璃刮刀，可用來刮除玻璃和其他物件上的塗料；它們有一個定位器，可在塗刷窗框時，在玻璃上留下需要的塗邊。

另外，我還發現可用於數種粉刷法中的好用小器具，其中包括泡茶用的濾網。它有把手而且可以打開，可以塡裝用來撲撒於表面的粉末，如碳粉、白堊粉和漂布泥。

硬毛刷

鋼刷

黏性紙條

家用刷子和黏性紙條

家用刷子和鋼刷可用來清潔，黏性紙條可作為塗繪條紋和其他形狀的輔助工具。

壁紙刮刀

調和漿糊的小型刮刀

「漆匠良伴」

玻璃刮刀

畫框

清理表面的刮刀

刮刀

刮刀是種極為重要的工具，可以用來調和補土和少量灰泥、調製漿糊、刮除塗料乾皮、清理表面和剝除壁紙。它們的尺寸從小型的黑色玻璃刮刀到「漆匠良伴」都有，後者擁有又大又輕的刀片，還可以當作塗刷壁帶和直邊的遮蔽物。

各類工具

調和與塗刷塗料及溶劑時，不時會使用到這些工具。泡茶濾網可用來撲撒粉末；螺絲起子可用來開罐；舊廚刀用來調和塗料、處理少量粉末和細微填充物；廚房用滴管上具有刻度，可以精確地測量液體，或在塗層上滴溶劑；攪拌器用在攪拌塗料；而杓子和湯匙則用在測量液體和粉末。

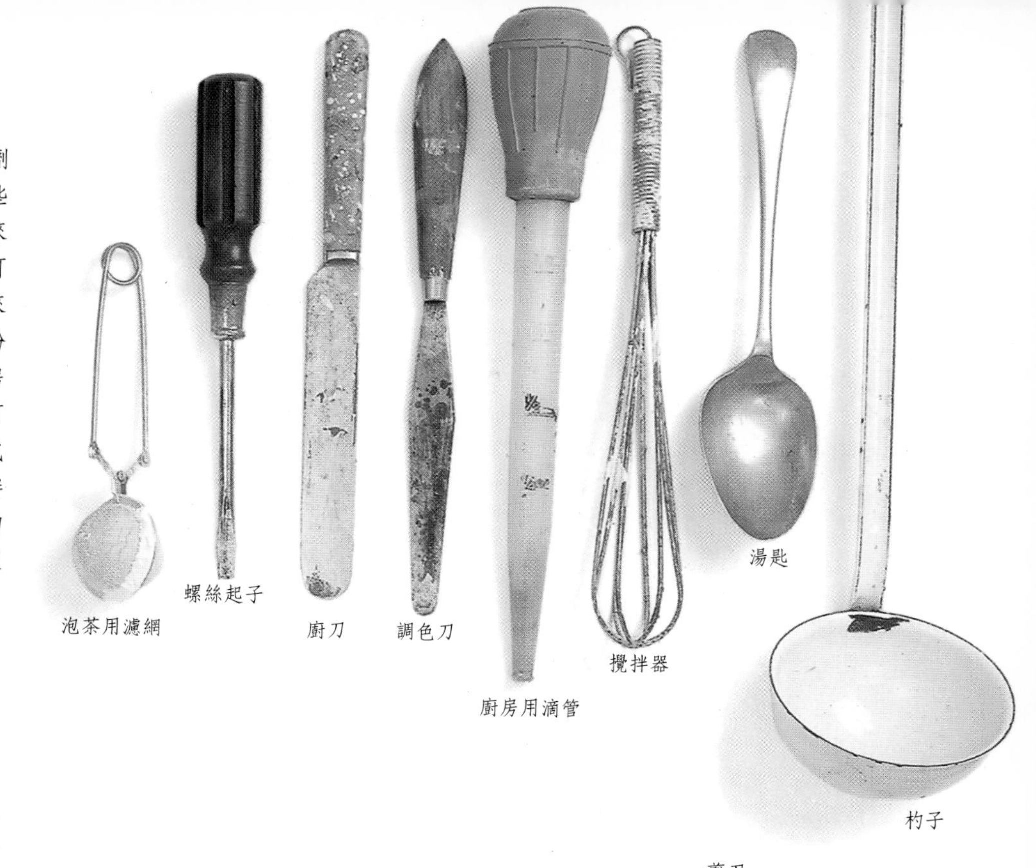

其他器具

海綿和不起毛球的布，用在輕拍、撫弄塗料及製造斑紋。天然海綿具有美麗且隨機的材質，當然你也可以撕下一塊車用海綿來替代。清潔方面，可使用布或彈性布（亦即鬆緊織布）；事前準備和完工方面，可使用磨砂石、數種砂紙和鋼絲刷、至粉狀等級的砂紙、0000號鋼絲刷等工具。

刷子的保養

刷子值得好好保養，因為保養好的刷子可以維持15-20年的壽命。

新刷子的準備

不論品質好壞，所有的新刷子都有一些鬆動的刷毛，使用前應該先行去除。去除鬆毛的方法，是以刷子的箍環（包住刷毛的金屬圈）輕輕敲擊桌子的邊緣，或者在手掌中旋轉刷子，讓鬆動的刷毛自行脫落（同時可以去除刷毛上的灰塵）。

如果以上的方法無效，可以依照裝潢者使用新刷子的傳統祕訣處理：以新刷子塗刷外牆，等刷子不再有鬆動的刷毛時，才用在室內粉刷。此時的刷毛外形已經變成有點尖細的鑿形頭，是可以刷出細緻粉刷的標準形狀。

清潔和保存

理想的狀況是當天收工後，所有用過的刷子都要徹底清洗、晾乾並收藏。有的人常把刷子留在溶劑的罐子裡，而且一放就是1星期，到最後發現溶劑蒸發，刷子變得彎曲堅硬，刷毛黏在溶劑蒸發後，遺留在罐底的灰色殘留物中而拔不出來。

刷子應存放在乾淨且乾燥的地方，最好是櫃子裡，就不會沾染灰塵。存放刷子的地方一定要通風，以免發霉。

若超過幾星期不會用到刷子，可以用報紙包住刷毛以保持形狀，再用橡皮筋固定外層的報紙。要長期存放的刷子，可以在大型刷子的把手上鑽孔，將刷子懸掛在掛鉤上。小型刷子則可以直接倒立在罐子裡。

沾有塗料的刷子，可放置1小時左右，方法是包一層錫箔紙或一塊布（若是吸附水性塗料的刷子，布要用水沾濕；若是油性塗料，則用松節油沾濕）。這樣可以隔絕空氣，防止塗料乾掉。

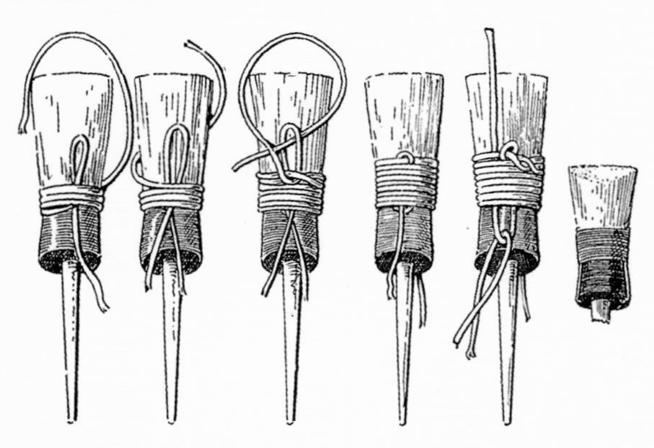

製作鑿形頭刷毛 以前的裝潢者會在新的圓形刷上綁線，並謹慎「使用」刷子以製造鑿形頭。

清洗刷子

首先將刷子懸放在溶劑裡幾分鐘，參見152-155頁，了解正確使用溶劑的方法。刷子在溶劑中洗乾淨後，接著以溫水和肥皂清洗，不可使用清潔劑，其成分可能太過強烈。用清水好好清洗刷子。最好別讓刷子在松節油裡過夜，否則刷毛容易變硬。浸到水中清洗時，刷柄不要泡到水裡，否則刷柄容易腫脹裂開。如果你的刷子已經泡在溶劑裡好幾個星期，而且看起來難以修復，可以試試刷子的專門清潔劑。

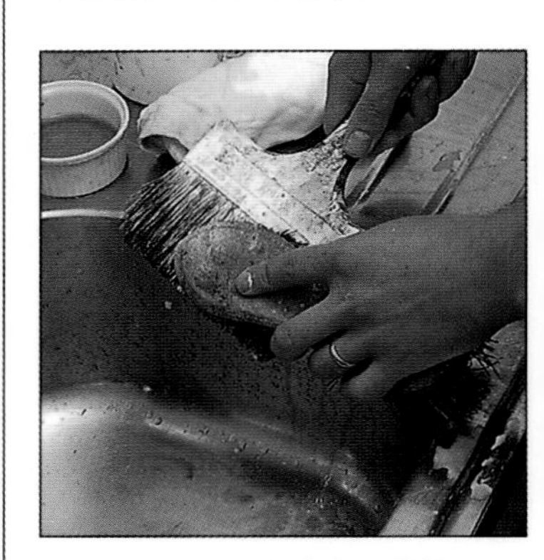

以刷子清理 這是清理乾掉乳膠漆的理想方式。

以鋼刷清理 塗料又乾又硬時，只好用鋼刷囉！

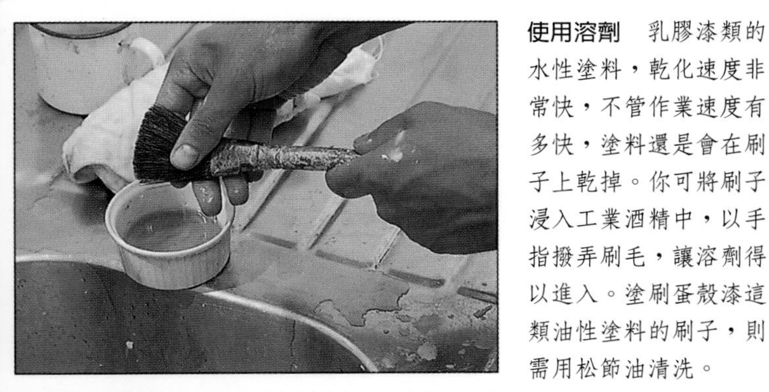

使用溶劑 乳膠漆類的水性塗料，乾化速度非常快，不管作業速度有多快，塗料還是會在刷子上乾掉。你可將刷子浸入工業酒精中，以手指撥弄刷毛，讓溶劑得以進入。塗刷蛋殼漆這類油性塗料的刷子，則需用松節油清洗。

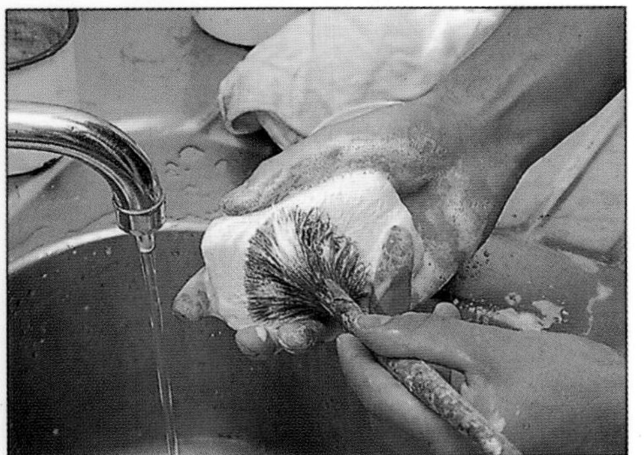

使用肥皂 以工業酒精或松節油清洗過的刷子，必須用沒有添加香料的肥皂和溫水清洗。在刷毛上抹些肥皂，箍環也要抹到，接著便以溫水沖洗，重複動作直到洗毛刷的水變成乾淨為止。

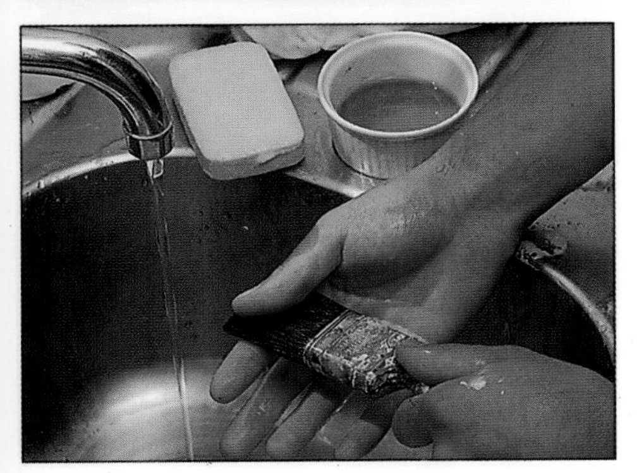

梳理刷毛 盡量甩乾刷毛上的水，以免需要很久的時間才會乾透。接著以家用刷子梳理刷毛，最後以手指擠出水分並使刷毛定型。

清洗大型刷子

另一種清洗大型刷子的方法，是在一盆或一桶水裡揮動刷子。這樣可使水流流入刷毛的中間沖洗刷毛。髒掉的水要不時更換。

刷子的保存

專門從事裝潢的人，本來就有各種可懸掛刷子的工具，不管是要掛在水中或溶劑中；現今市面上已有現代化的工具，懸掛刷子是一種很傳統的保存方法。

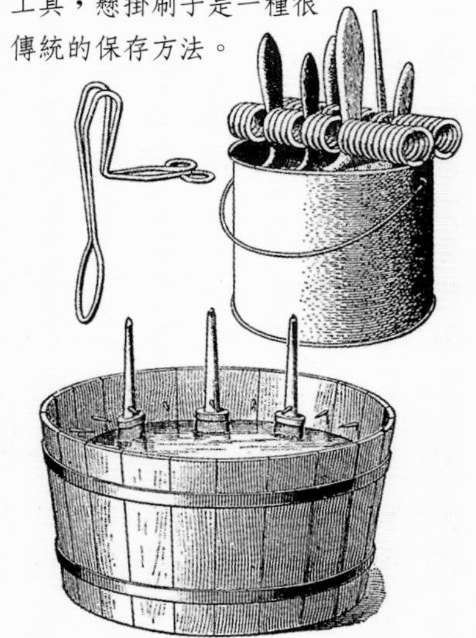

舊方法 懸掛刷子的一種方法是彈簧法；另一種是使用特殊掛鉤。比較簡單的方法是在木桶裡釘釘子。

通風 保存刷子的最佳方式，就是將它掛在通風的櫥櫃裡。這樣可以讓空氣在刷子間流通，而且刷子的形狀會保存得比平放還好。

色膠和自製塗料

室內裝潢的歷史久遠。大約六千年前，耶律哥城的市民便混合紅色顏料、氧化鐵和古式膠水製成結合劑，用來粉刷牆面的下半部。現代的塗料，不論是工廠製還是自製的，其實和以前的塗料並沒有太大的差別，都是以顏料（濃縮而成的天然或合成顏料）和暴露在空氣中晾乾的結合劑混合而成。

自製塗料

自製塗料的質地容易塗刷，並有獨特的粉刷效果。不但材料便宜，你還可以調出想要的顏色。

裝潢用的市售顏料有兩類：色粉和軟管裝美術油彩。色粉可以和各類膠水調和，包括聚乙烯樹脂和骨膠，可調和成類似六千年前用的糊狀塗料。美術油彩和通用染色劑可以和透明油性釉料混合，製成適合用在許多粉刷效果中的半透明釉料。

要牢牢記住的是，有些顏料的染色力較強（稀釋或混合後顏色依舊濃郁），有些不是，還有一些顏料和材料接觸後會褪色。148-151頁的表格中，列有各類顏料的屬性。

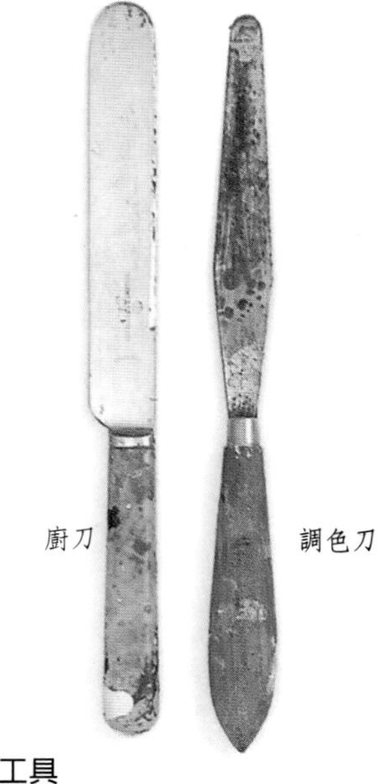

廚刀

調色刀

攪拌工具

舊廚刀和調色刀是調製塗料的理想工具。攪拌前，可以先用廚房用的篩子篩過色粉。

透明油性釉料

一種相當好用的裝潢媒介，是19世紀的發明物，名為透明油性釉料。你可以購買現成品，也可以自己製作（見156頁）。它可以調和美術油彩或通用染色劑，製作出質地獨特的塗料。

用湯匙攪拌大量的釉料和顏料

松節油或松香水可用來稀釋油性釉料

美術油彩

罐中的透明油性釉料看似不透明且稠如乳脂

改變釉料添加比例，可製成不同濃度的釉料

兔皮膠可用於製作塗料，也是灰泥底的材料（見146頁）

冷卻後的骨膠呈清澈的膠狀

骨膠（又稱珍珠膠）先泡水後加熱

聚乙烯樹脂可添加色粉製成塗料

簡單的水性塗料

上面是數種膠水的圖示，可以摻入水和色粉中做成很便宜的塗料，這種質地的塗料很適合淡彩粉刷和特殊粉刷，如灰色裝飾法（見118-119頁）。要製作傳統的膠性塗料，如用於劇院的塗料，可以使用骨膠或兔皮膠這類動物膠。這些材料在專門材料行都可以買到；注意添加色粉前須加水稀釋，放在雙層鍋（右上圖）中加熱成透明狀。你也可依照157頁的方法，用色粉和聚乙烯樹脂製造出現代版的水性膠水。

赭黃色是茶褐色

煆赭黃色是種濃郁的赤陶紅，由赭黃色加熱而成

黃土色是種濃烈的芥菜色稀釋成的亮麗陽光黃

紅土色又稱氧化紅

土色系

土色顏料的歷史最悠久，不是以粉末狀態存在，就是存在如美術油彩的軟管顏料中。它們稱為土色的原因，是因它們大多取自土壤，名字和出處有關連。較明顯的例子如赭土色（Umber colour）便是出自義大利的安不利亞區（Umbria），而土綠色（*terra verde*）的義大利文意思是綠色的土。土色系的顏色自然迷人，使得它們在染色、暗色和仿古上極為無價。土色顏料有粉狀或液態形式，是比較便宜的顏料。

生赭土色是優秀的褐色，可用於仿古（見68頁）

煆赭土色比生赭色更濃，更接近巧克力色

專利塗料

剛接觸市面上所陳列的大批塗料時，常會讓人不知所措。但當你開始了解，哪種塗料該添加哪種溶劑時，就能開始區別塗料的主要種類。然而哪種塗料該添加哪種溶劑或該用哪種溶劑清洗，其實都取決於塗料中的結合劑（用來結合塗料的溶劑）。某些塗料都是油性塗料，如亮光漆和蛋殼漆，都可用松香水溶解，其他的塗料如乳膠漆是水性塗料，則可用水加以溶解。

一般而言，結合劑相同的塗料可以互相混合。所以乳膠漆可以和其他的水性塗料，如美術壓克力塗料混合。查閱塗料罐上的說明就可以知道該塗料的成分，接著你可以見152-155頁的表格，了解塗料擁有的屬性。

水性墨水包括書寫墨水、美術墨水或濃縮水彩顏料

噴漆

這種附著力強且快乾的塗料（通常用來粉刷車身），用於小面積著色和鏤花時很好用。不同顏色還可以重疊噴圖，製造細膩的混合色調。選購不含氟氯碳化物（CFC）的噴漆，並在通風良好的地方使用。

噴漆描影

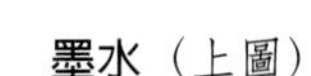

噴漆

塑膠水彩和壓克力顏料可與水性墨水一起調和

墨水（上圖）

水性墨水是畫家的附帶顏料。在仿古技術中（見66頁），它們可用於潑灑，也可以代替色粉調入聚乙烯樹脂中，製成快乾的透明釉料。印度製墨水最為黑濃，就連稀釋後也是，而且乾透後有如一層防水面漆。

底漆

大多數的裸牆都需要一層底漆，使接下來的塗層能夠附著（表面的事前準備見30-43頁）。

軟管裝顏料

壓克力和塑膠水彩顏料都是可溶於水的美術顏料。比起壓克力顏料，塑膠水彩顏料質地較稠密且色調較不強烈。兩者都可以用來為水性塗料調色。

左圖，鋁用鋅底漆

最左圖，鐵用氧化紅

油畫用濃稠有彈性的壓克力底漆

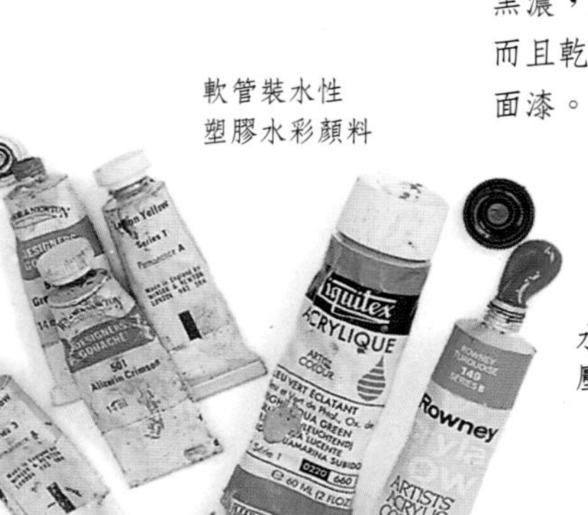

軟管裝水性塑膠水彩顏料

水性美術壓克力顏料

特殊塗料

市面上有許多種特殊塗料，如圖中的塗料能製造凹凸不平的金屬鍛錘效果。

可製造出鍛錘效果的琺瑯漆

亮光漆：一種油性塗料

家用琺瑯漆

油性或醇酸樹脂塗料

亮光漆和蛋殼漆雖泛稱為油性塗料，但這些塗料現在通常以合成醇酸樹脂加以結合。這些塗料可以用通用染色劑或美術油彩染色。

模型用琺瑯漆

蛋殼漆塗料

這種油性塗料可以刷出平坦效果，是油性釉料的理想底漆。它的乾化速度很慢，須均勻且小心地塗刷。

綠色油彩和亮光漆混合在一起

蛋殼漆：一種油性塗料

塗料效果

留意上圖盤子裡，不同塗料呈現的不同反射質地。

油漆製造商的色卡

美術油彩

自15世紀以來，美術油彩的成分少有改變，一直是顏料和亞麻仁油。就像通用染色劑一樣，美術油彩可以用來為油性塗料、油性釉料和清漆染色。

海報塗料

海報塗料是水性塗料。它們很適合手繪工作，以及為其他水性塗料染色。

海報塗料

美術油彩

通用染色劑：容易取得的化學染色劑

乳膠漆塗料

此附著力強的水性塗料可用來塗刷牆壁、地板和家具，並可用通用染色劑染色。

乳膠漆：一種水性塗料

清漆與釉料

清漆是依據主要成分和稀釋用的溶劑來分類。本節將說明油性（以松節油稀釋）、水性（以水稀釋）和酒精性（以工業酒精稀釋）三類清漆。

這三類清漆中的每種清漆，都有不同的質地和屬性，因此也有不同的裝飾和特殊用途（見152-155頁的表格）。

家用清漆的傳統角色，是提供還沒粉刷或已粉刷的牆面一層保護層，但是這些清漆和其他種類的清漆，都可以用作裝飾性粉刷，並提供半透明的彩色效果。

某些特殊的清漆有現成的顏色分類，如法式珐瑯漆；大多數的家用清漆不帶顏色，但是它們可以用軟管裝的顏料或色粉加以染色（見152-155頁的表格）。

使用油性釉料

想得到非常平滑的半透明塗層，最好使用透明油性釉料。它的黏性比清漆還低，而且更容易製造出無瑕的效果。它在乾透後不會很硬，還可以塗刷一層清澄的清漆加以保護。

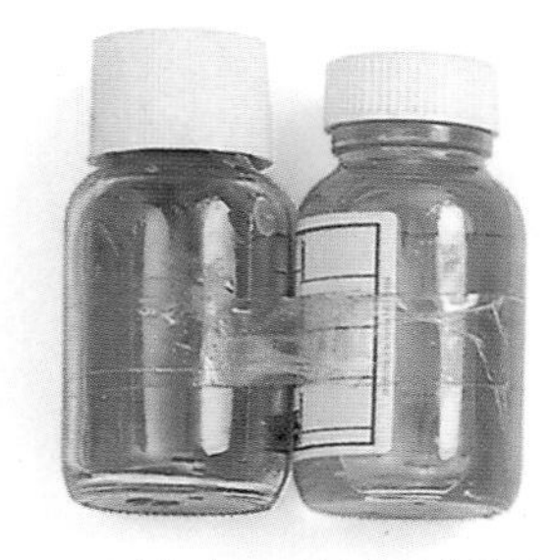

裂紋漆：兩個成組的清漆

裂紋漆

這是兩個成組販賣的清漆，兩者互相作用，可在許多表面上製造出龜裂的裝飾紋路（見66-67頁）。裂紋漆發明於18世紀的法國，目的在仿製東方漆器和陶器上由裂紋造成的細膩紋路（名為龜裂紋路）。

透明油性清漆

這種有多項用途的塗料，最常被運用在製造出仿造式的粉刷效果，是可以被調成如染色清漆般的簡單塗料，而比清漆優異的地方在於，它不會阻塞刷子，因此可以刷出均勻的塗層。它乾透後還是軟的，但是可以使用乾後會變硬的清漆加以保護。

油性清漆

傳統的清漆依然會在如名為「裝潢清漆」或「古巴脂清漆」的名目下被找到。和聚亞胺脂清漆相較，我比較喜歡傳統的清漆，雖然前者的附著力非常強，卻容易變黃，而且砂磨時會片片剝落。傳統的清漆貼金膠水的乾化速度極快，用於封塗金色塗料和金屬粉的能力更是一級棒（見100-101頁）；在小面積區域，我用它作為全方位清漆。另外，它可以使用通用染色劑或美術油彩染色。

油性釉料以美術油彩或通用染色劑染色

透明油性釉料

不同牌子的釉料顏色不同，但乾化後皆呈透明

以美術油彩染色的貼金膠水

聚亞胺脂清漆

舊式的油性「裝潢清漆」

蟲膠漆

蟲膠漆是用紫膠蟲分泌出的褐色黏稠物製成，很適合用在某些技術上（見68-69頁），用工業酒精稀釋後，可以當作快乾型的清漆。蟲膠漆有很多等級，從標準的褐色蟲膠漆到上等的橙色蟲膠漆都有。漂白過的蟲膠漆用作白色光澤漆，可用於淡木法式光澤粉刷。

一般的褐色蟲膠漆

琥珀色法式琺瑯漆

上等橙色蟲膠漆（又稱鈕扣光澤漆）

紅色法式琺瑯漆

砂光封漆

白色光澤漆是漂白過的蟲膠漆

法式琺瑯漆

專門材料行有售，法式琺瑯漆得自漂白過，而且是以化學方式染色的蟲膠漆。它被製造成數種顏色，專門用在木頭的染色和塗刷上。有些顏色明亮且粗俗，但是可以用工業酒精加以稀釋，得到較細膩的色調。土色系，如琥珀色和栗褐色是最迷人的顏色。

砂光封漆

蟲膠漆是砂光封漆的主材料，砂光封漆用在封住塗刷清漆前的裸木。

水性清漆（右圖）

置於水中懸浮的壓克力和乙烯樹脂塗料，在過去十年來，用途不斷增加。一般的塗刷，我大多使用聚乙烯樹脂和乙烯醋酸乙烯酯（兩者都是乙烯樹脂塗料）。聚乙烯樹脂和乙烯醋酸乙烯酯都很便宜而且容易取得，可以用來封塗如灰泥這類具有滲透性的表面，或當作保護壁紙和影印剪紙（見116-117頁）的保護漆，還可以作為自製塗料的結合劑（見157頁）。塗刷小面積時，我使用可以防水又不會變黃的壓克力塗料。

可用水性塗料為聚乙烯樹脂染色

水性軟管顏料

下圖和右圖，兩種美術壓克力顏料

液態的聚乙烯樹脂和乙烯醋酸乙烯酯都是白色，但乾了以後會透明

溶劑

溶劑通常有特殊用途，如稀釋塗料和清漆，還有清洗刷子（詳細說明見152-155頁），但是它們也可用於潑灑或用海綿抹在塗料和釉料的表面，製造出隨機的花樣。

溶劑製造的效果

本書的溶劑專指松節油（有時可以換成松香水）、工業酒精、水和丙酮。某些塗料和溶劑結合後完全沒有影響，但如果有產生作用時，常會有戲劇性的效果。結論是溶劑常適合用於仿大理石紋（見92-93頁）、仿稀石灰粉刷（見52-53頁），以及一般的仿銅銹效果（見104-105頁）。塗料層或釉料層越薄，使用溶劑後的效果越驚人。

潑灑溶劑時必須佩戴護目鏡保護眼睛，如果潑灑的是丙酮，則雙手也要保護。

丙酮

丙酮指的是可以對亮光漆和蛋殼漆之類的塗料起化學作用的一系列溶劑。它們具有危險性，因此必須小心使用，而且絕不可以在封閉的空間使用。

用丙酮潑灑或用海綿輕拍到潮濕的塗層時，會立即發生作用；但如果是乾的塗層，需要放置30分鐘才會起作用。起作用後，可以用乾淨的布抹擦，使圓斑和腐損區露出。如有溶劑留存會自行蒸發，而所有沒擦到的塗料軟化區域，都會重新變硬。

下圖的斑駁效果，是松節油潑灑至潮濕的透明油性釉料而成

左圖，松節油濺灑至潮濕油性塗料後產生的柔和塊斑

丙酮濺灑至乾的油性塗料後，擦拭造成的圓斑和腐損區

松節油和松香水

松節油是種清澈的溶劑，由松樹的樹脂蒸餾而得。松香水（又稱松節油的替代油），質地比松節油更稀薄，味道更難聞，較常被使用的原因是它很便宜。松香水和松節油不論在潮濕的油性塗料或油性釉料上都會起作用，但是在乾燥的表面就不會了。用在稀釋過的油性塗料層上，會製造出細緻的塊斑（如上圖）；而用在油性釉料層上，則可以製造出奇異且細膩的斑駁圖案（如左圖）。兩者都帶有劇毒。

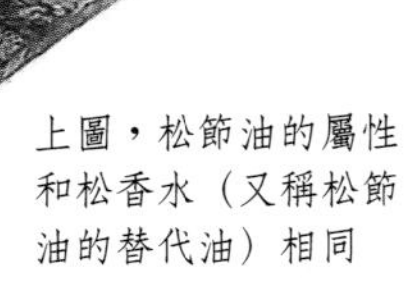

上圖，松節油的屬性和松香水（又稱松節油的替代油）相同

使用溶劑時一定要保護雙手和眼睛

右圖，工業酒精先濺灑至乾乳膠漆層，再擦拭而得的塊斑效果

下圖，工業酒精在潮濕的稀釋乳膠漆層上造成的效果

下圖，工業酒精可潑灑至乾或濕的法式珐瑯漆層

工業酒精

工業酒精

工業酒精就是乙醇，透過石腦油和甲基紫的添加使其變質，成為非飲用酒精。它主要用於稀釋蟲膠漆和法式珐瑯漆（見140-141頁）。你也可以潑灑、以海綿抹刷，或使其滴流於潮濕或乾燥的乳膠漆層，做出破損效果。潑灑至法式珐瑯漆上，可以製造出石紋般的深沉和複雜效果（如左圖），類似用松節油或松香水在潮濕的油性釉料上製造出來的效果；工業酒精潑灑至潮濕乳膠漆的效果則「較為平坦」。

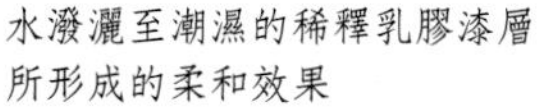

水潑灑至潮濕的稀釋乳膠漆層所形成的柔和效果

水

水是最廉價的溶劑。它可以用來稀釋乳膠漆這類水性塗料，也可以在塗過乳膠漆稀塗料或聚乙烯樹脂稀塗料的面層上製造圖案。用水做成的獨特圖案，還可以補強用工業酒精做成的圖案，而兩者同時使用的效果極好。

就跟其他的液體一樣，水也是種稀釋料，但小心別加太多水，否則塗料會淡到看不見。水也應用在塗刷稀塗料前的多種技巧中。

水是種方便但慢乾的溶劑

溶劑的應用

最簡單的溶劑用法是在水平面上塗刷，但如牆面這種垂直面，就需要使用海綿或布抹刷，而且抹刷前要確實將海綿或布擰過。

漿糊與粉末

你可以使用簡單的材料製作漿糊和混合物，並以此改變原本平凡的外觀，如用漿糊模仿木頭使用多年後的染塵光澤、經風雨侵蝕的砂石、褪色的陶器，或是古舊的銅綠效果。這些仿製技巧很早就有，18世紀時人們就懂得使用石灰、砂和灰泥粉的混合物來模仿石頭。

使用灰泥粉

作為裝飾牆面的粉刷物，灰泥的潛力常被高估。平滑的灰泥通常用於漆塗，而有紋理的灰泥效果常用於造假的結構。至於平滑的裸灰泥牆外觀清爽優雅，你還可用色粉為白色灰泥染色。古代的灰泥牆則有著動人心弦的單純，在蠟層上塗刷灰泥，就是模仿這種牆面的方法（見72-73頁）。

尋找合適的材料

本頁圖示的某些材料如白堊粉和漂布泥，只有在專門材料行有售，但是砂和灰泥在建材行和DIY店都買得到。

塑膠模型

使用漿糊

使用漿糊和粉末來改造普通的塑膠模型，如上圖所示，變成有銅綠效果或仿古的木頭飾品。

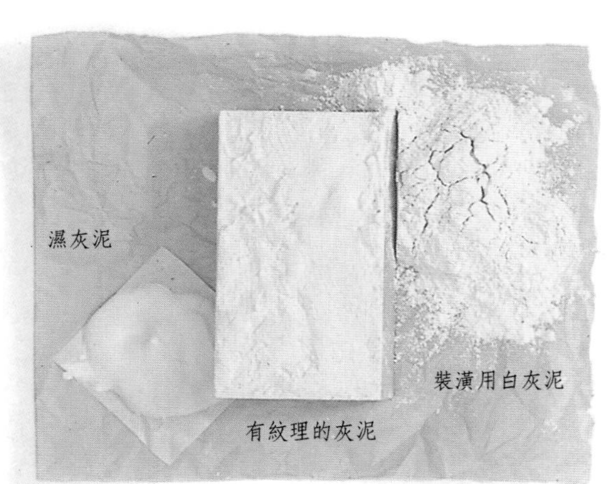

灰泥

市售的裝潢用灰泥，通常有灰色、粉紅色和白色，白色是很好用的，可以添加色粉染色。就像熟灰泥一樣，裝潢用灰泥也是灰泥膠泥的一種，因為它的乾化速度慢，因此可以用塑膠袋或泥刀操弄圖案。

灰泥底

數百年來，一直使用灰泥底為木頭塗底，以得到適合粉刷或鍍金的平滑表面。基本配方還包括白堊粉和兔皮膠（見156頁的說明）。

蠟料（上圖）

仿古蠟料容易製作，其本身就可以當作裝潢粉刷的材料，還可以用來仿製家具經歲月洗禮後獲得的光彩，像是替木頭催舊或製造看似破損的外觀。仿古蠟料的製作方法，是將家具亮光蠟和一點點的松節油混合，再添加漂布泥、腐石粉或色粉染色。另外，油彩甚至鞋油也可以用來為蠟料染色。

調和漿糊

多數的漿糊極易變乾且髒髒的，因此可以在拋棄式的罐子裡調製，如果醬罐和優格盒。攪拌時應使用調色刀，使用刷子會攪不動。事先準備好蓋子和保鮮膜封住罐子，防止漿糊乾得太快。

調色刀和腐石粉

銅綠漿糊

某些金屬粉刷需要帶點破舊的感覺，此時可以使用乳膠漆、白堊粉和工業酒精調成的漿糊。白堊粉用來增加漿糊的濃度，工業酒精可以使塗料凝結以得到容易碎裂的稠度。

家具
亮光蠟

石灰粉刷飾品

白色色粉

石灰蠟

石灰蠟

從前木頭是用生石灰糊消毒，現在則用一種非活性仿古蠟料。這種蠟料包含家具亮光蠟和無害的白色顏料，如白色油彩或色粉。這種蠟料很容易製作，但也售有現成品。石灰蠟也可以用在灰泥品仿古上。

聚乙烯樹脂

砂子

砂子和聚乙
烯樹脂調和
成的漿糊

深紋砂石質感

要模仿某些石頭上較為破損且飽受侵蝕的高低紋理，如左圖所示，可以在砂質紋理上塗一層漿糊。砂子和未稀釋的聚乙烯樹脂調和成極為濃稠的漿糊，隨後以抹刀塗抹，待乾燥後再粉刷表面。

砂子

聚乙烯樹脂

砂質

砂質是用來仿製生銹和某些紋理多砂的石頭。先在表面上覆蓋一層膠水（噴膠或稀釋的聚乙烯樹脂皆可），接著將乾燥的砂子或拍或吹或拋撒至表面。小物件如燈具，則須使用細砂。

鍍金材料

鍍金工藝極具神祕色彩，水鍍金是種需要高難度技巧的鍍金技術，但是油鍍金（見100-101頁）卻是既簡單又便宜。

油鍍金是在一層稱爲貼金膠水的黏稠塗料層上，鋪放轉印金箔（可以是眞金或是價位便宜的荷蘭金箔）。想得到非常平滑的成品，可以在鍍金區先塗抹數層的灰泥底。現成的灰泥底有白色、紅色或淡黃褐色，但你也可以用下面的圖示材料自製（詳細說明見156頁）。紅色灰泥底的紅色光芒，穿透轉印金箔和金箔上的細微裂縫，閃耀著濃郁的溫暖感覺和仿古風采；黃土色的灰泥底則可用來掩飾轉印金箔上的裂縫並強化金箔的色彩。

粉末

金屬粉（顏色眾多，包括金色）可以撒到黏稠的貼金膠水上，以得到鍍金的效果。它們也可以和清漆調和，做成金色塗料後，搭配轉印金箔，仿製出組合鍍金的效果；眞正的方法是結合油鍍金和水鍍金。

以法式琺瑯漆製造銅銹的油鍍金物

自黏性金色膠帶

市售灰泥底，有紅色、淡黃褐色和白色

下圖，粉狀兔皮膠
左下圖，加熱後呈膠狀

白堊粉

以轉印金箔鍍金的噴漆表面

自製灰泥底

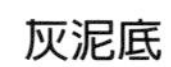

灰泥底

鍍金前，先塗抹幾層灰泥底後磨亮，以得到平滑的表面（見100-101頁）。灰泥底售有現貨，或者你可以用白堊粉（磨成粉的白堊岩）添加兔皮膠或聚乙烯樹脂自己調製（見156頁的灰泥底配方）。

特殊效果

水鍍金的底層通常是彩色黏土層（通常是紅色），底層顏色會穿透金箔的裂縫顯露。你可以用油鍍金仿製這種效果，只需將轉印金箔貼在彩色的灰泥底（買現成的或自己用紅土色色粉自製灰泥底）或轉印在紅色噴漆上。模仿條紋或金色葉片時，可使用自黏性的金色膠。但要製造銅銹效果時，則使用法式琺瑯漆、稀釋乳膠漆或墨水（見104-105頁）。

下圖是一張轉印金箔，壓在一張荷蘭金箔上。下圖左邊有一些活頁金箔

以轉印金箔和金屬粉鍍金的飾品

金屬粉（下圖）

這些細如灰塵的粉末，在工藝店都買得到，且顏色眾多。它們可以和聚乙烯樹脂或清漆調和，做成引人注目的塗料，也可以用刷子或泡茶濾網，把它們撒到黏稠的貼金膠水上，做出完美無瑕的效果。以金屬粉結合油性鍍金可以仿製出結合鍍金的效果，傳統上要做出這種效果的技術非常複雜，需要結合水鍍金和油鍍金。

金箔

轉印金箔及廉價但效果不錯的荷蘭金箔，都有蠟紙底版。而裝訂成冊的活頁金箔大多用在水鍍金。

金粉

金粉鍍金的飾品

左圖和罐中為貼金膠水，一種有黏性的塗料

油性
貼金膠水

這種塗料用於黏貼金箔和金屬粉。市售品有油性貼金膠水或日製貼金膠水（後者乾化速度較快）。

用刷子可以將金粉撒到黏稠的貼金膠水上

顏料與色彩

我使用的多數塗料都是已經染色的，如乳膠漆和蛋殼漆。然而有些技巧上使用的塗料，需要自己用顏料（濃縮而成的天然或合成顏料）染色。市售的顏料包括色粉或軟管裝的顏料，如美術油彩、美術壓克力顏料和塑膠水彩顏料等，每種顏料都使用不同的結合劑。這些顏料也可以用來改變市售塗料的顏色，或者爲清漆染色。美術油彩和通用染色劑可以調入透明油性釉料中爲其染色。

色彩特性

從右邊開始到151頁，列出了一系列美術油彩的顏色。其他美術壓克力顏料、塑膠水彩顏料、色粉、通用染色劑等的顏色和名稱，都和美術油彩一樣。

顏料的特性差異極大，有些不透明，但有些幾近全透明；有些覆蓋力極好，有些卻極差。以白堊粉爲例，當它與油性塗料混合後呈半透明，但與水混合後卻呈不透明（表格的欄位說明請見150頁）。

色彩比對

在美術油彩旁邊的是塗料製造商的色卡，從兩者可以看出軟管顏料和專利塗料的顏色大多近似。因此我常選用和顏料名稱相同的專利塗料，如在選擇乳膠漆時。無論如何要注意的是，專利塗料雖然和軟管顏料、色粉同名，但屬性卻不同。

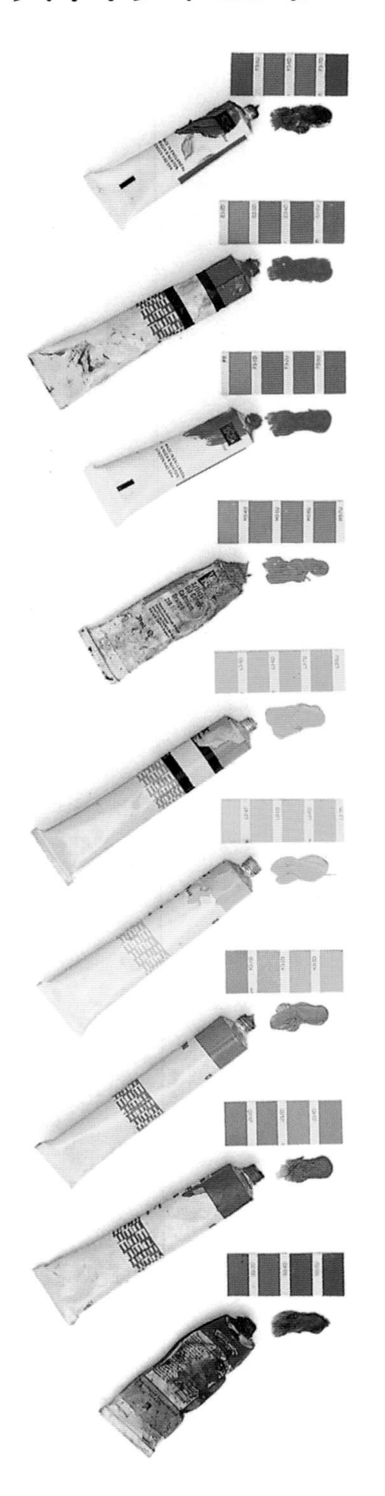

	特質／用法
血紅色	原以胭脂蟲製成，現今深紅色都以化學方式製作。深紅色是明亮濃烈的顏色，但若暴露於光線中容易褪色。
玫瑰紅	一種柔和半透明的紅色。原以茜草製成，如今是以合成方式製成。調入白色後會得到美麗的粉紅色。
猩紅色	和血紅色類似的顏色：一種濃烈的顏料，適合所有的裝潢用途。
鎘橙色	鎘製顏料，雖有毒但是覆蓋力強、色濃且顏色質地穩定經久不褪。也有紅色的產品，可替代猩紅色。
鉻黃色	一種出自鉻酸鉛系列的強力顏料。
鎘黃色	特質參見鎘橙色。覆蓋力強，顏色濃烈穩定。
黃土色	土色系的一種：漂亮柔和的黃褐色，可用於鍍金。黃土色加熱後，可得到帶紫的紅土色。
赭黃色	出自義大利的一種古代黃褐色土色，用以降低色調、仿古，以及和生赭褐色調和。
煆赭黃色	一種土色，以赭黃色加熱而得，優秀的赤土褐色，用於稀釋塗料時，會產生令人愉悅的粉紅色。

次頁繼續

染色力	不透明度	抗鹼性	耐光性	成分	毒性
****	□□□	✗	💡💡	沉澱在礬土上的染料	✋✋ 🧴🧴 🥄🥄
***	□□	✗	💡💡💡💡	茜草植物萃取物；化學染料	✋ 🧴 🥄
****	□□□	✗	💡💡	沉澱在礬土上的染料	✋✋ 🧴🧴 🥄🥄
***	□□□□	✗	💡💡💡	硫化鎘，硒化鎘	✋ 🧴🧴🧴🧴🧴 🥄🥄🥄🥄🥄
*****	□□□□	✗	💡💡💡	鉻酸鉛	✋✋✋✋✋ 🧴🧴🧴🧴🧴 🥄🥄🥄🥄🥄
***	□□□□	✗	💡💡💡	硫化鎘	✋ 🧴🧴🧴🧴🧴 🥄🥄🥄🥄🥄
****	□□□□□	✔	💡💡💡💡	氧化鐵	✋ 🧴 🥄
***	□□□	✔	💡💡💡💡	含氧化鐵和氧化鋁的黏土	✋ 🧴 🥄
***	□□□	✔	💡💡💡💡	帶有氧化鐵的黏土	✋ 🧴 🥄

圖形記號

表格中利用一系列圖形記號區隔顏料的不同屬性。

如染色力低者標記*；染色力高者標記*****，依此類推。

同樣的，下列三種圖案以1到5個圖案（5個表示最毒）的方式標示顏料的毒性：

✋ 皮膚接觸

🧴 吸入

🥄 吞食

處理帶有5個「皮膚接觸」圖案的顏料時，必須佩戴手套。抗鹼性顏料以打「✔」作標示，非抗鹼性顏料則打「✗」。

色粉

使用色粉要非常小心，因為這類顏料極具危險性，一定要戴手套（皮膚會吸收顏料，並且積留在指甲中），並戴上紙製的防塵面罩，後者可預防吸入細如灰塵的粒子。擁有5個「吸入」圖案的顏料，「絕對」不可以使用該顏料的色粉。

表格的欄位說明

特質／用法

顏料的特性和用法。

染色力

顏料滲透表面與染色的能力。如果染色力強，同一面積可能需要較少量的顏料。

不透明度

不透明度是覆蓋力好壞的指標，如黃土色是不透明的，因此可覆蓋多數的彩色底層；其他如玫瑰紅色，在乾透後呈現半透明色，因此該色適合用於透明油性釉料的染色上。白色的不透明性則決定於它調和的是水還是油。

抗鹼性

石灰是鹼性混合物，可以漂白顏色。為摻有石灰的灰泥或灰泥膠泥染色時，使用抗鹼性色粉。

耐光性

有些顏料暴露於光線中會褪色；它們的耐光性標示於此欄。美術油彩的製造商也會在罐上列出耐光級數。

成分

顏料的化學組織，但不包括標示結合劑是油性還是水性。

毒性

多數顏料帶有劇毒，有些甚至會致癌，絕對不可以吸入或吞食，也不可讓肌膚碰觸帶有劇毒的顏料，尤其是色粉。顏料應存放在小孩拿不到的地方，使用前須詳閱該顏料的化學組織。右頁中有5個毒性圖案或列為「劇毒」的顏料，尤其要小心。

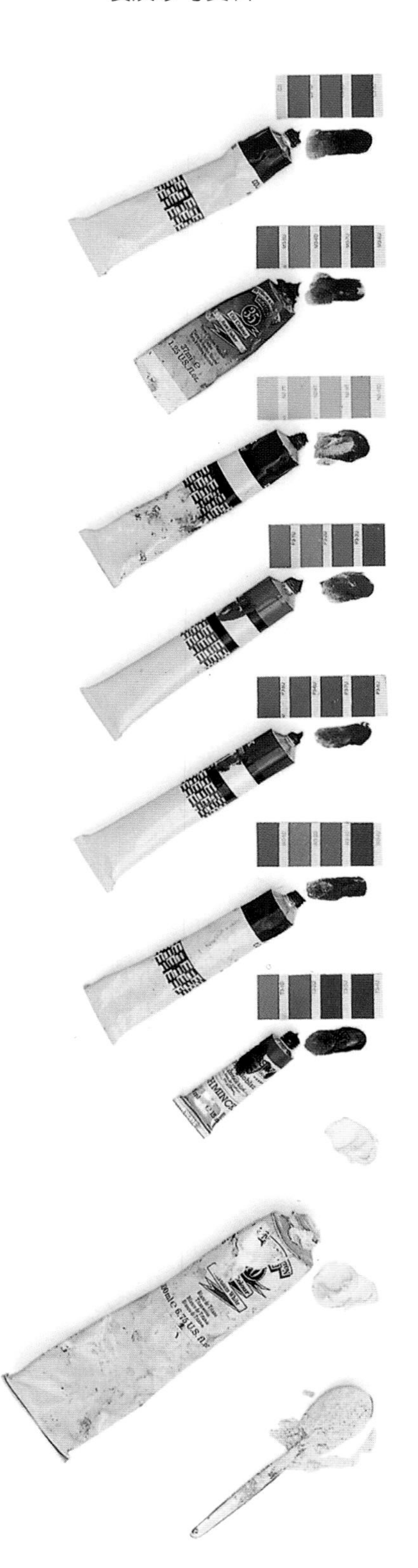

	特質／用法
煅赭土色	一種濃褐巧克力色的土色，以生赭土加熱而成的顏料。
生赭土色	微帶綠／灰褐色的土色。非常好用的天然顏料，適合用於降低別種顏色的色調。
土綠色	一種義大利土色，「綠土」有著悅人的綠色，並帶點藍灰色調。
氧化鉻	一種柔和的顏料，有著愉快的橙綠色調。容易攪拌，而且常用於水性或油性塗料。
永久綠	這種多用途的綠色（又稱吉勒特氏綠）具有抗酸、抗鹼和耐光性，但加入稀薄塗料中使用時，耐久性會減弱。由於它不褪色，故適合用於同色系。
佛青色	原意是「越過海洋」，以前這種既美又古老的深藍色顏料非常昂貴，因爲它是用青金石製成的。
鈷藍色	一種古顏料，因色調的優異純淨而價值不凡。適合用於同色系粉刷及平面細部處理。因爲有良好的半透明度，故摻入油性釉料的效果很好。
鋅白色	又稱爲中國白，用於某些底部塗漆。覆蓋力優秀。用於油性釉料時，有使其變硬的效果。
鈦白色	令人印象深刻而且非常亮的白色。用於石灰漿糊中。帶點白堊色，通常使用氧化鋅使其硬化。
白堊粉	色膠、白色稀釋塗料和灰泥底的材料。在水中的不透明性很好，在油性塗料和蠟料裡的不透明性則很差。

染色力	不透明度	抗鹼性	耐光性	成分	毒性
***	□□	✔		含有鐵、矽酸錳和氧化物的黏土	
***	□□	✔		帶有鐵、矽酸錳和氧化物的黏土	
**	□□	✔		天然矽酸鐵和矽酸錳	
***	□□□□□	✔		氧化鉻	
****	□□	✔		鉻綠（一種氧化鉻）混合鉻酸鋅和重晶石	
*	□	✔		矽酸鈉加鋁和硫黃	
***	□□□（水性）□（油性）	✔		氧化鈷、氧化鋁	
	□□□□	✔		氧化鋅	
	□□□□□	✔		氧化鈦	
	□□□（水性）□（油性）	✔		白堊岩（碳酸鈣）磨粉、漂洗並曬乾	

其他含劇毒顏料：必須小心使用（避免使用粉狀形態）

銻顏料
鉛性顏料
鉻性顏料
鎘性顏料
花青染料
鋇黃色
鈷黃色
翠綠色
炭黑色
萊姆黃
那不勒斯黃色
謝勒氏綠色
鍶黃色
硃砂色

其他有毒顏料：小心使用

茜草紅
礬土
青藍色
鈷綠色
鈷紫色
英國紅
印度紅
象牙黑
火星黑、褐、紅、橙、紫、黃
普魯士藍、巴黎藍
紅土
佛青、綠、紅、紫

塗料、清漆與溶劑

本書所使用到的所有塗料和清漆，都在這章節中有所說明。

溶劑

特定溶劑可用來稀釋塗料和清漆，此外，溶劑也可用來清洗刷子。有關溶劑的進一步資料，見表格中的「溶劑」欄。另外，有些溶劑可以搭配塗料或清漆使用，以製造效果（見142-143頁）。

毒性

處理塗料和清漆時，必須非常小心。除有些原料有毒外，主要的毒性來自結合它們的溶劑，除了水無毒外，其他溶劑皆帶劇毒。這類溶劑、塗料和清漆的毒性，會被身體以三種方式吸收，表格中以三種圖案標示，以1個（稍具毒性）到5個（劇毒）圖案作等級區分。

- 皮膚接觸
- 吸入
- 吞食

溶劑的毒性，取決於它們用何種方法進入體內。

安全注意事項

使用塗料、清漆和溶劑時，必須在非常通風的環境。罐上要貼上詳細標籤，放在小孩拿不到的地方。另外，工作時絕對不可以進食、喝飲料或抽煙。使用某些物質時，也應戴上手套和護目鏡。防毒面具是用來防止吸入性的毒氣，防塵面罩則用來阻擋色粉的微粒。

種類	用途	可調和的材料
乳膠漆（無光和乙烯絲光）	水性塗料用於如天花板、牆壁和木頭等一般的室內粉刷。它可以稀釋成淡彩稀塗料，或以白堊粉稠化成製作紋理的塗料。乙烯絲光的光澤度很高。	水（稀釋時）、通用染色劑、色粉、水性軟管顏料，如塑膠水彩顏料和美術壓克力顏料。
蛋殼漆、亮光漆和油性底漆	一般內部粉刷使用的油性塗料，可以稀釋成耐用塗料。蛋殼漆是油性釉料的最佳底漆。油性底漆可以染色成不帶光澤的面漆。	通用染色劑、美術油彩、透明油性釉料。
灰泥底、色膠和酪乳（酪蛋白）塗料	傳統水性塗料大多有類似屬性，可運用於牆壁和家具上。目前灰泥底雖已不太流行，但仍廣泛使用於浮雕和鍍金的表面處理。	塑膠水彩顏料、色粉。
稀石灰	傳統上用於建物外部的塗料，也用來替代色膠漆塗在建物內部牆面，以得到特殊且具有白堊質地的粉刷效果。	防鹼色粉。
噴漆	某些粉刷技術的方便法，如鏤花、鍍金底漆和仿銅綠效果。	無。
聚乙烯樹脂（PVA）和乙烯醋酸乙烯酯（EVA）	聚乙烯樹脂是自製塗料（以色粉調製塗料）時的好結合劑，此塗料適用於淡彩粉刷。在黏合紙材和紙材防污上很好用。乙烯醋酸乙烯酯的用途類似，但具有防水性。	乳膠漆、通用染色劑、色粉、塑膠水彩顏料、美術壓克力顏料、水性墨水。
美術油彩	這是用於油性塗料的塗料。可用來爲透明油性釉料、清漆和蛋殼漆染色，且效果很好。與家具亮光蠟和松節油調和後，可以作爲很好的仿古塗料。	透明油性釉料、蛋殼漆、亮光漆、家具亮光蠟以及可溶於松節油的油性樹脂清漆。
色粉	用於製作自製的淡彩稀塗料和手繪細部塗料，也用於專利塗料、清漆和灰泥染色。	水、乳膠漆、聚乙烯樹脂、透明油性釉料、油性清漆和聚亞胺脂清漆。

次頁繼續

優點	缺點	溶劑	成分	毒性
便宜、比較乾淨、快乾（約1-3小時）、可以染成你要的色調、防水性面漆。顏色選擇眾多。	色深者欠缺深度及濃度。因污垢不易洗去，可能需要加層保護漆。	水。乾後可用工業酒精軟化、去除。	顏料、合成樹脂和聚乙烯樹脂（或浮於水中的聚丙烯結合劑）。	
質硬、耐久且色濃。顏色選擇眾多。	需一層底漆，如果用在具有吸收力的表面，還需加塗一層底漆。慢乾（約6-12小時）、氣味難聞，且大量使用時具有毒性。	松節油、松香水。	顏料、合成快乾性油劑和合成醇酸樹脂。傳統快乾性油劑（如亞麻仁油）以及天然樹脂，已被合成物取代。	
質軟具白堊色。灰泥底和酪蛋白塗料可磨光，使成品極具特色，耐潮。	可能在罐中變質，覆蓋力差，只黏附於特定表面，不防水，潮濕時柔軟且易於抹除（酪蛋白塗料除外），不易取得。	水。	加水的顏料（通常是白堊粉）、天然結合劑，如動物膠或酪蛋白（製造乳酪時的副產品），某些含有防水油劑。	*
具殺菌和防蟲性。因耐潮，故適用於需要「透氣」的舊牆。	潮濕時具腐蝕性，乾燥時只具半防水的能力。容易被抹除。	水。	水、消石灰（氧化鈣）和防水劑，如獸脂。	
快乾且成品質硬平滑，可黏附於多數表面，塗抹速度快，乾化後可用溶劑重新處理。	有劇毒且難聞，噴出的「輻射塵」範圍可大到覆蓋旁邊的表面。而且常內含有危險的推進劑，盡量避免。	二甲苯、丙酮、甲苯。	顏料、硝化纖維蟲漆（或石油蒸餾的壓克力蟲漆）和推進劑。	
用途廣泛的塗料，絕佳的封閉性和結合性。快乾、便宜且容易取得。	乾後微帶光澤且依舊柔軟。聚乙烯樹脂不防水。	水。	聚乙烯醇：溶解於水中的聚乙烯醋酸。乙烯醋酸乙烯酯：乙烯乙烯基醋酸。	
顏色濃烈，容許大量稀釋。適合和其他油性塗料調和。慢乾因此容易處理。顏色眾多。	半透明度和覆蓋力皆不相同。某些顏色昂貴，以致不適合用在大面積。	松節油、松香水。	磨成細粉的顏料、亞麻仁油和快乾性油劑。	*
色粉塗料的質地特別令人喜愛，可以乾調成精確的顏色，便宜且容易取得。	色粉的質地差異極大。通常需要保護層以避免顏色被抹掉。多數帶有劇毒。	水。	磨成細粉的顏料（自然生成或化學成品）。	*

＊毒性依色彩而異，見148-151頁。

常用溶劑

任何溶劑在大量使用時，都必須有保護措施。某些皮膚敏感或過敏者，就連使用小量松節油和松香水時，都可能發病。

工業酒精

內含：甲醇、木精、變性酒精以及甲基紫。

可燃性。

可導致昏厥並傷害器官。戴手套。

可導致昏厥並傷害器官。戴面罩。

致命：可導致失明。

松節油

內含：純松脂、酒精膠、松脂膠。

可燃性。

導致皮膚過敏。戴手套。

刺激性揮發物。戴面罩。

致命。

松香水

內含：石油蒸餾物。

比松節油便宜，屬性相同。

可燃性。

戴手套。

刺激性揮發物。戴面罩。

致命。

丙酮

內含：丙酮（酮類化合物的一種）。

易燃性。

具刺激性。戴手套。

可能導致昏厥。

可能導致噁心反胃、腹部疼痛。

種類	用途	可調和的材料
塑膠水彩顏料／美術壓克力顏料	可溶於水的軟管裝濃縮顏料，用於同色塗繪和淡彩塗繪。傳統上，塑膠水彩顏料用於裝飾家具的灰泥底中。	水、乳膠漆、聚乙烯樹脂（PVA）。
通用染色劑	用途極多、顏色濃烈、液態形式，幾乎可與各類釉料、水性或油性塗料結合，調出各種顏色。	水、乳膠漆、蛋殼漆、透明的油性釉料、油性清漆和聚亞胺脂清漆、木頭染色劑。
透明油性釉料	和美術油彩或通用染料調和以製作彩色釉料，可用於仿木紋、拖曳、仿古和點畫法。	美術油彩、油性（醇酸）塗料、通用染色劑、油性清漆和聚亞胺脂清漆（成品較為亮光）。
蟲膠漆和法式琺瑯漆	蟲膠漆用於封漆、仿古和鏤花模板的膜層；法式琺瑯漆用於彩繪玻璃。	蟲膠漆製品皆可互相混合，容易吸收可溶解於工業酒精的木頭染色劑。
砂光封漆和木節油	砂光封漆用於封塗木頭，然後粉刷和上面漆，以防止褪色。木節油用於封塗有木節的木頭。	其他蟲膠漆為底的製品和工業酒精。
貼金膠水	用於黏貼金箔或金屬粉的黏性塗料。有油性和水性兩種。	油性：油性塗料、美術油彩、色粉，以及透明油性釉料。 水性：顏料或是塑膠水彩顏料。
通用油性清漆	傳統面漆，如古巴脂清漆和裝潢清漆，用以保護所有粉刷成品。如今已被廣泛使用的聚亞胺脂清漆所取代。	油性塗料、美術油彩、色粉、通用染色劑、透明油性釉料。
聚亞胺脂清漆	通用清漆，質硬耐久，可以塗刷於室內多數表面。有無光、半光和亮光類。	油性塗料、美術油彩、色粉、透明油性釉料。
壓克力塗料	優秀的新世代快乾塗料，有水性或石油蒸餾性兩類。適用於所有的裝飾性粉刷。	水性種類須混合通用染色劑、色粉。
家具亮光蠟	用於為彩繪品或家具拋光。可以染色成仿古蠟或石灰蠟。	美術油彩、色粉、腐石粉、漂布泥、鞋油。

優點	缺點	溶劑	成分	毒性
色濃，染色力強。可稀釋成色彩鮮活的淡彩稀塗料。美術壓克力顏料乾化後具防水性。	昂貴。美術壓克力顏料快速乾化（1小時）。塑膠水彩顏料乾後不具防水性。	水。	可溶於水的濃縮顏料。	*
顏色濃烈可稀釋，容易攪拌，便宜且適應力佳。	顏色種類有限。想改變顏色，可與乳膠漆和蛋殼漆等有顏色的塗料混合。	松節油、松香水。	以溶劑結合的染料。	
便宜延伸色彩的有效方法，6小時內乾燥，半小時到1小時後仍可塗抹。	容易在罐中形成薄膜。黃色種類如果暴露於陽光中，尤其容易產生薄膜。乾化後依舊柔軟，故需要一層清漆保護。	松節油、松香水。	白堊粉（白堊岩）、亞麻仁油（或合成醇酸樹脂）、快乾性油劑，以及松香水。	
所有蟲膠漆製品都快乾，並有數種等級，含標準的黃色、上等橙色（鈕扣光澤漆）和漂白蟲膠漆（又稱白色光澤漆）。	全部易碎且帶黃色（白色的除外）。因乾化速度極快必須快速塗抹，但可溶於酒精。	工業酒精。	蟲膠片（紫膠蟲分泌的樹脂狀結晶物）和酒精。法式琺瑯漆是蟲膠漆底塗料，有多種以苯氨染色的顏色。	
快乾；為木頭提供一層有效的隔絕物。	易碎；由於木節油色深，所以不適合用於淡色稀塗料的底層（可以改用白色光澤漆）。	工業酒精。	蟲膠片（同上）和酒精。	
油性：快乾、質硬，流動性佳的亮光塗料。 水性：非常柔和。	油性：微帶脆質，置於罐中易形成薄膜且會部分氧化，乾化後硬度不如聚亞胺脂。 水性：乾化後柔軟。	油性：松節油、松香水。 水性：水。	油性：傳統以亞麻仁油、樹脂和快乾性油劑製成。通常是天然油和樹脂的混合物。 水性：浮懸於壓克力媒介的水性膠水。	
品質絕佳的面漆，可以用來砂磨。	由於內含樹脂不多，乾化速度緩慢，有時質脆。	松節油、松香水。	天然油、樹脂，以及快乾性油劑。	
便宜、極容易取得，且容易使用。4-6小時內乾化成質硬且強壯的漆層。	有時帶黃色且質脆，砂磨時易於剝落。	松節油、松香水。	合成樹脂和油類。	
水性種類快乾、堅硬且非常乾淨，相當容易使用。	若為石油蒸餾製成，則帶有劇毒。盡可能使用水性類，表格中的毒性說明只針對水性類。	依成分各有不同。	黏性壓克力樹脂，不溶於水也不溶於石油蒸餾性溶劑（二甲苯或甲苯）。	
易於控制且用法很多，容易用溶劑去除。具防水性、拋光效果好，使用感覺愉悅。	由於屬於質軟性，必須定期保養。過度加熱時，會產生毒氣和質地退化。	松節油、松香水。	柔和蜜蠟及其他蠟料，如溶劑（通常是松節油的替代油）裡的硬質棕櫚蠟或合成矽蠟等蠟料。	**

* 毒性依色彩而異。
** 只在過度加熱時會產生吸入性毒氣。

配方

以下兩頁提供自製裝潢材料的配方。收錄的部分配方是裝潢材料行和DIY店難以買到的材料，有些則是市面上沒有調配販售的裝潢材料。你需要的塗料、清漆或釉料數量見159頁。

鏤花模板／油浸紙

如果你買不到鏤花模板（油浸馬尼拉紙板），可依照下列配方自行製作。

需要的材料：

很厚的厚白紙或馬尼拉紙板、亞麻仁油或蟲膠漆或木節油

在紙或紙板的正反兩面塗刷亞麻仁油後，放乾1週。亞麻仁油可以使材料軟化，當你要將其彎曲，製作表面鏤花時很重要。你也可以在紙的兩面刷塗蟲膠漆或木節油使其軟化，同時並封住紙面。這方法還可用於強化裝潢用紙，以製造燈罩或屏風。

透明油性釉料

很多方式的粉刷都要用到這種材料，如果買不到時，可依照下列配方製作。記得空氣乾燥時，要覆蓋一層無光清漆加以保護。

需要的材料：

松節油0.5公升、煮沸的亞麻仁油0.3公升、乾燥劑0.2公升、白堊粉1湯匙

以圓形攪拌器將材料攪拌均勻。存放於真空罐子或瓶子裡。

阿拉伯膠水（裂紋媒介）

市售的裂紋媒介可以製造出龜裂的粉刷效果，而阿拉伯膠是它的絕佳替代品。你可以在美術材料行買到阿拉伯膠水，有已經溶解的，也有結晶體形態的，結晶者可以置於沸水中溶解成單脂稠度，調配比例是結晶體0.5公斤搭配水1-1.5公升。

裂紋漆

裂紋漆用於製造細膩的裂紋粉刷效果，名為龜裂效果，見66-67頁。可以買現成品或自行製作。兩者都是兩罐成組販售：一罐油性塗料，一罐水性塗料。第一層塗料使用貼金膠水，第二層塗料使用阿拉伯膠水，亦即上面的裂紋媒介，加1滴洗碗精以防止第二層塗料分裂。

法式琺瑯漆

0.5公升的白色光澤漆添加1蛋杯的可容於酒精的木頭染色劑，調和成需要的稠度。

傳統灰泥底

灰泥底（見144頁）用於塗抹出一層層的平滑面區以供鍍金。兔皮灰泥底須在有溫度時塗抹，它會快速冷卻成堅硬的底膜，以容許快速地層層堆積。使用溫熱的灰泥底時要刮除表面的薄膜並加點水。

需要的材料：

兔皮膠粉$^{1}/_{3}$杯、沸水0.35公升、白堊粉0.25公斤

兔皮膠粉放在雙層鍋裡。慢慢倒入沸水，攪拌到所有粉末溶解（變成膠水）。篩入白堊粉（約總量的$^{1}/_{3}$-$^{1}/_{2}$）直到很黏稠。

如果你買的是粗粒膠粉，先在0.35公升的冷水裡泡1夜。它們會膨脹成膠塊，之後再放入雙層鍋中加熱。

灰泥底可用色粉染色；傳統灰泥的顏色是紅色和黃土色。

現代灰泥底

現代的聚乙烯樹脂灰泥底，具有兔皮灰泥底的所有特性，但是乾化的速度較慢。

比起市售的壓克力灰泥底，我比較喜歡使用聚乙烯樹脂灰泥底，因前者較難刮除和刨光。

需要的材料：

聚乙烯樹脂$^{1}/_{3}$杯、水$^{1}/_{3}$杯、白堊粉

聚乙烯樹脂和水以1：1的比例稀釋並攪拌均勻。篩入白堊粉（約總量的$^{1}/_{3}$-$^{1}/_{2}$）攪拌直到黏稠。

灰泥塗料

這種塗料可以代替灰色裝飾法裡的乳膠漆，見118-119頁。塗料是用色粉加入灰泥底中製成。依照傳統灰泥底的方法製作，但白堊粉換成白堊粉和色粉混合物，比例是1：3。乾化後，灰泥底可以用鋼刷磨亮，蜜蠟拋光。

色膠

這種古老的塗料，市面上還有販售，由於它允許潮化過程，所以適合粉刷有濕氣的舊房子。以下是簡單的自製方法。

需要的材料：

白堊粉10公斤、水4.5公升、色粉（或通用染色劑）、熱的兔皮膠（見傳統灰泥底）或者聚乙烯樹脂

白堊粉篩入水中，直到粉末堆積出水面。放1夜讓粉末吸水。第二天倒掉表層5公分的清水。加入總量5-10%的膠水。色粉或通用染色劑用水調勻後爲其染色。

石灰蠟

石灰蠟用在為開放式木紋的木頭上石

灰（見58-59頁），也用在灰泥仿古（見70-71頁）。它很容易買到，但自己調製既容易又便宜。

需要的材料：

家具亮光蠟1罐、鈦白色色粉

蠟料放入雙層鍋中慢慢加熱，直到變成液態後，加入總量1/3的鈦白色色粉攪拌均勻。倒入鍋裡使其定型。

安全事項　蠟料一定要慢慢加熱，過度加熱將產生毒氣。

稀石灰漿糊

當你想在上了石灰的表面粉刷時，稀石灰漿糊可以取代石灰蠟。用濕布擦去過多的材料。

需要的材料：

鈦白色色粉1湯匙、水0.5公升、熱的兔皮膠（見傳統灰泥底）或膠水（見阿拉伯膠水）

將鈦白色色粉加水調成單脂濃度。每0.5公升需加6-7湯匙的兔皮膠（以雙層鍋加熱：見傳統灰泥底），或加入3-4湯匙的膠水。

調製稀塗料

調製稀塗料（薄塗料）的方法很多，稀塗料用於淡彩粉刷中，也用於把稀薄的彩色塗料塗刷在不同顏色的底層塗料上。以下配方是三種書中技巧需要用到的稀塗料（見46-51頁）。

乳膠漆稀塗料

這種稀塗料用途多樣，是我最常用的塗料。

需要的材料：乳膠漆、水

原濃度的乳膠漆倒入桶中，加一點水攪拌以防結塊。

淡彩粉刷時，一份乳膠漆約需加入1-10倍的水。留意你要使用的總量，這在處理大面積時很重要，因爲稀釋乳膠漆塗料會分離，需要天天攪拌成相同濃度。

水性稀塗料

這種稀塗料乾化後，還可用潮濕的海綿或刷子重新刷塗，但最後要以一層油性清漆保護以防磨損。

需要的材料：色粉、水

色粉加一點水調成乳脂濃度。大致來說，如果要塗刷一間房間，只要3湯匙色粉加上1公升水就夠用。工作時要不時攪拌塗料。

聚乙烯樹脂稀塗料

小面積粉刷時，你可能想用墨水、美術壓克力顏料或塑膠水彩顏料代替色粉，但是這些材料用在大面積時會很花錢。

需要的材料：

色粉、聚乙烯樹脂或兔皮膠（見傳統灰泥底）、水

色粉加點水調成乳脂濃度。加入總量5-10%的膠水作爲結合劑。（如果是使用熱的兔皮膠，要先將色粉以熱水調勻，才不會使膠水冷卻成膠塊）。

把混合物稀釋成需要的濃度：淡彩粉刷或灰色裝飾法和幻覺粉刷使用的半色調約添加8份水。

塗料越稀薄，色粉越容易沉澱底部。工作時，需要不時將色粉拌回塗料中。

染色媒介

為不同塗料染色是種重要的粉刷技巧。下面的配方將解釋染色的方法。

乳膠漆染色

使用色粉、美術壓克力顏料、塑膠水彩顏料或通用染色劑。

需要的材料：

色粉、美術壓克力顏料、塑膠水彩顏料或通用染色劑、水、乳膠漆

首先將顏料用一點水調勻。如果使用的是通用染色劑，先加一點乳膠漆調勻，而且要確定5湯匙的乳膠漆，不可加入超過1湯匙的通用染色劑，否則塗料無法徹底乾化。調好的混合物加入乳膠漆中，攪拌到顏色均勻。

透明油性釉料染色

為油性釉料染色時，首先記住這種釉料在塗刷3-4個月後會微微轉黃。如紅色會變得帶橙，而淡藍色會變得帶綠。因此，盡量不要用淡色系為油性釉料染色，不然可以選擇水性塗料代替釉料。防止釉料或清漆轉黃的一個方法，是為釉料染色時加入1-2滴的白色蛋殼漆。下面提供的分量依顏料的染色力而異（見148-151頁的表格）。

需要的材料：

從軟管裝美術油彩中擠出約7-10公分的顏料、松節油、油性釉料0.5公升

將顏料擠入容器後，加入少量松節油，以刷子攪拌成均勻混合物。加入釉料，小心攪拌成均勻的色調。塗刷時沒有溶解的小粒顏料，會成爲裝飾性斑點。

清漆／蛋殼漆／亮光漆染色

依據上面的油性釉料染色法處理，把油性釉料換成清漆（聚亞胺脂或油性皆可）、蛋殼漆或亮光漆。

灰泥染色

乾燥的白色灰泥粉在塗刷前可以加色粉調混。有些顏料不具抗鹼性，而帶有石灰質的灰泥，會使顏色在1-2個月內完全褪色，所以只能使用抗鹼性的顏料（見148-151頁的表格）。想得到美麗的羊皮紙色調，可以將約1/2-1杯的赭黃色色粉加入一桶白色灰泥中調勻。接著依照製造商的說明，用水調和已經染色的灰泥。

祕訣與訣竅

書中的材料，你可能熟悉也可能沒聽過。以下的內容包括如何購買和儲存材料，以及在粉刷成品上塗清漆的一些小訣竅。

保護粉刷成果

清漆可用於保護任何裝飾性的粉刷成品，但尤其適合用在釉料粉刷品和水性稀塗料粉刷品上，因為這兩者容易受損。選擇清漆時，留意粉刷物扮演的角色，以及你要保護的是哪種塗料（152-155頁的表格有不同清漆的用法和屬性）。

通用油性清漆和聚亞胺脂清漆，是最耐損、最防水的清漆，適合用於保護浴室、廚房的粉刷品，以及保護最可能被小孩和動物磨損的區域。

透明油性釉料只能以油性清漆保護，但水性塗料如乳膠漆或自

材料購買和儲存

大量購買通常是最便宜的方式，如果儲存得當，多數材料的儲藏壽命就算沒幾年也有幾個月。有些材料要求特別的儲存條件，但一般原則是放在乾燥、陰涼且溫度穩定的環境中。材料避免放在溫度會降至零下的環境裡，如車庫、庫房。以下是一些儲存的小祕訣。

膠性膠水

市售的膠性膠水如兔皮膠或骨膠，從0.5公斤到5公斤一包都有。以粉末或細粒形態保存，遠離潮濕和蟲咬，就可以永久保存。一旦加水調和後，幾天內就會敗壞，因此每次只拿取你所需要的數量。

金箔和金屬粉

黃金金箔的價值，依內含的純金單位而定。純22k金的金箔絕不會變色，但荷蘭金箔（不是真金）會褪色，就連放在買時的金箔冊裡，也會在幾年後變色。荷蘭金箔一經使用，就需以清漆保護，以防止氧化和褪色。金屬粉是放在容器裡販售，有小罐裝的，也有0.5公斤一包的。它們都應該塗抹清漆以防褪色。儲存祕訣請見色粉的說明。

塗料和清漆

蓋緊塗料和清漆的蓋子，並確定封蓋沒有損壞；存放時，罐子要倒立，這能確保形成薄膜時只存在於罐底。重新使用前先刮除薄膜，徹底攪拌或搖晃。只要是清漆，都不可以搖晃，因為會產生氣泡並在塗刷時出現。塗刷清漆的刷子不可用於其他用途，因為清漆會使刷毛上乾化的塗料鬆落，破壞粉刷效果。

灰泥

保持灰泥乾燥很重要，但不論儲存多小心，灰泥的壽命還是只有幾個月，之後它會開始吸收水分變成砂礫而不能使用。灰泥塗抹時的乾化速度，會在存放幾星期後加速。

色粉（包括白堊粉）

量少的成罐販售，0.5公斤以上的通常成包販售。色粉和金屬粉要存放在真空且旋轉式蓋子的罐裡後，放在乾燥的地方。由於它們具有毒性且不可吸入，因此取用時要用湯匙小心勺出（絕對不能用倒的），避免使用蓋子是彈開或拉式的罐子，因開罐時可能使粉末飛出。

蟲膠漆

通常是瓶裝販售，從250公撮到5公升都有。蟲膠漆的儲存壽命約1年。由於蟲膠漆內含的工業酒精，就連在低溫的環境也會蒸發，因此暴露於空氣幾小時後就會轉濃，但可以用工業酒精稀釋。不過在台灣並沒有這種漆，而多以清漆代替、至於台灣常用的清漆則可分油性、水性，以及快乾型的。而在水性之中又可分平光、亮光與霧面的，每一種皆有其各自的合適用途。

鏤花模板

鏤花模板最好平放儲存，並且在每層的中間以紙隔開，以免圖案彼此糾結以致扯壞。

透明油性釉料

這種釉料都是成罐販售，每罐的分量和塗料類似：皆0.5公升以上。牌子不同，罐中的釉料顏色也不太一樣，但不會影響使用後的顏色。釉料的儲存壽命大約1年左右。

蠟料

就算你從沒開過罐子，裡面的蠟料和家具亮光蠟也很可能變硬。你可以把蠟料放入雙層鍋中慢慢加熱，直到蠟料軟化恢復原狀後，加一點新鮮的松節油調勻。

製的稀塗料，則可以用油性、水性清漆，或稀釋聚乙烯樹脂（具保護性但不防水）和壓克力清漆加以保護。

獲得完美的成品

想讓塗刷清漆後的粉刷品，有完美、平滑的成果，可在每層塗料塗刷後，輕輕的以220號的砂紙砂磨。

最後一層塗層乾透後，以0000號鋼絲刷沾點家具亮光蠟磨光表面，方法就如你為家具上蠟一樣。這會刷除表面上的小瑕疵和小砂礫，得到漂亮且光滑如鏡面的外觀，沒有坑洞、凸起，也沒有清漆乾化後常會看到的細微塵埃和砂礫。10分鐘後用除塵刷磨光。這種粉刷技巧尤其適合用在模仿亮光建材時的特殊粉刷效果，如仿大理石。

重新粉刷

大量販售的塗料，如亮光漆和乳膠漆，都可以適度用砂磨或水洗的方式去除，然後重新粉刷。塗刷清漆的表面，可以用砂紙或專利去漆劑調理表面，使適合重新粉刷。上蠟的成品如石灰蠟和仿古蠟，也可以很耐心地去除並塗刷新的塗料。先用松節油抹擦表面，接著以清潔劑和水清洗，然後砂磨至適於粉刷的程度。

透明油性釉料可以砂磨剝除，接著刷塗油性底漆，隨後便可以用油性或水性塗料或釉料重新粉刷。這是項耗時費力的工作，因此只適合用在家具或護牆板類的小型區域（你不應期待成品極為光滑平順）。如果你打算整牆刷塗釉料，可以考慮加張襯紙，如此一來，重新粉刷前只需輕鬆剝掉襯紙就行。

環保

基本上，所有的裝潢領域多多少少都涉及環保問題。不論動物性產品或化學產品都有正反論點。如有些人反對使用帶有動物膠質的產品，但是贊成者卻認為它們是可以微生物分解。另一方面，像聚乙烯樹脂這種合成膠料，雖然不帶動物性的成分，卻也不帶有無法用微生物分解的化學成分。

不是所有的噴霧劑都包含氟氯碳化物（CFC），但大多數噴霧劑還是會釋放有害溶劑到空氣裡。仔細挑選並購買罐上標示不含氟氯碳化物，且標示對環境無害的噴霧劑產品。

有些刷子是用動物的毛髮製成。獾毛刷是用獾毛製成，獾產於中國和遠東地區，在許多國家屬於保育類動物。要軟化釉料粉刷品，我都是用白毛軟化刷代替獾毛軟化刷。只有在軟化水彩作品時，獾毛軟化刷的效果才會強過其他刷子。

廢棄塗料和溶劑的處置

許多塗料和溶劑不會在水中分解，千萬不要把溶劑（工業酒精或水除外）和含帶溶劑的塗料倒進水管裡。應該把它們倒進舊的空塗料罐裡，並在罐外詳細標示溶劑或塗料的種類。

不同類的溶劑絕對不可混合，也不可放在舊的食品罐子裡，因為可能誤食，而且溶劑可能腐蝕罐子，造成災害。蓋子一定要蓋緊，放在小孩拿不到的地方。

詢問環保局有無處理這類廢棄物的設施。如果沒有，這類廢棄物就必須和家用垃圾一起運到垃圾場燒毀或掩埋。

數量

精確是不可能的，因為覆蓋面的大小，決定於你塗刷時的用量，粉刷物的吸收力，以及天氣（如果天氣暖和塗料會蒸發，需要更多塗料）。以一間一般尺寸的房間為例，地板4.5公尺×4.5公尺，高度3公尺，下表的數量可以讓你在塗刷四面牆的一層塗層時，對於塗料或清漆的用量有個底。四個牆面加起來有60平方公尺。稀塗料的數量取決於你稀釋的程度。

塗料種類	公升數	加侖數
第一層底漆	7.5	1.5
第二層底漆	7.5	1.5
乳膠漆	7.5	1.5
清漆	5	1
蛋殼漆	7.5	1.5
亮光漆	7.5	1.5
釉料	2	0.5
稀塗料	1-2	0.25-0.5
色膠	7.5	1.5

漿糊和粉末用於小物件、家具和鑲板的特殊粉刷。

仿古蠟　一般尺寸的衣櫃：1罐500公克的家具亮光蠟，混合約250公克的粉末與蠟（可以是色粉、漂布泥或腐石粉）。

石灰蠟　一般尺寸的衣櫃：500公克家具亮光蠟1罐，混合小於500公克的鈦白色色粉。

金屬粉　100公克足以為一個一般尺寸的燈座鍍金。

術語與名詞

亞當（Adam, Robert；1728-1792） 蘇格蘭建築師與設計師，英國住宅建築之新古典風領導者。

催舊（ageing） 各類磨損法，在新製的畫作、木製品、塑膠品或灰泥製品上做出年月腐蝕的效果。

苯安染料（aniline dye） 在某些塗料和清漆中發現的化學顏料。

希臘花飾（anthemion） 忍冬花或蓮花圖案，或者扇形葉片圖案。

蓮葉中的希臘花飾

仿古（antiquing） 利用粉刷步驟造假被粉刷物的年齡，模仿因塵埃污垢造成的褪色。

阿拉伯圖樣（arabesque） 外觀的修飾物，原發現於阿拉伯的畫作中，包括藤蔓花紋、花草或動物圖案，或者規律的圖案。

下楣（architrave） 環繞門口、拱門、窗戶或牆面鑲板的嵌線。

渾天儀（armillary sphere） 一種天體模型。

雕花衣櫃（armoire） 一種大型衣櫃，通常有雕飾而且是雙門。

裝飾風（Art Deco） 兩次大戰間發展出的一種設計風格（名字得自1925年的巴黎裝置藝術展），深受立體派及機械派影響。

新藝術派（Art Nouveau） 19世紀末葉流行的藝術與建築風格，反對剛退潮流的古典派。

工藝運動（Arts and Crafts movement） 維多利亞末期的一群藝術家所發起，鼓吹振興傳統工藝和工業化之前的價值。

阿茲特克（Aztec） 阿茲特克人的文化和藝術風格，墨西哥印第安文化的一種。

雙層鍋（*bain-marie*） 專爲小火慢燉設計的雙重鍋，也可用於製作灰泥底。

合成樹脂（Bakelite） 第一種完全的合成工業塑膠，於1907年首次取得專利。

巴洛克（Baroque） 華麗的歐洲建築與裝潢風格，風行於17-18世紀，主要特色包括似花的線條、自信及誇張地運用飾品與華麗設計。

淺浮雕（bas-relief） 微微凸出於底物卻不與之分離的雕刻物。

包豪斯（Bauhous） 1920年代在德國創立的一所設計學校，目的是拆解裝潢藝術和工程之間的藩籬。

串珠線（beading） 原是模仿一串珠子做成的鑄物，用於鑲邊和裝飾。

畢德邁式（Biedermeier） 室內裝潢和設計風格，19世紀初葉的復古風，如皇家風的復古。畢德邁是德國虛構人物。

布歇（Boucher, François；1703-1770） 法國洛可可風格的設計家兼藝術家，作品屬典型18世紀的法式宮廷藝術。

布雷沙（Brescia） 義大利倫巴底的一個城市，因出產紅褐色大理石而聞名。

錦緞（brocade） 繡有凸起圖案的絢爛絲綢，以前是用金、銀線繡圖。

薄棉布（butter muslin） 未經漂白的棉布。

拜占庭風（Byzantine） 出自拜占庭（後來的君士坦丁堡）的一種藝術風格，風行於6世紀和隨後的9-11世紀，風格結合古希臘、東方和基督教元素。

彎腳（cabriole） 爲家具設計的S形腳，廣用於18世紀初葉的椅子。

盆栽的裝飾盆（cachepot） 字面解釋是「藏盆物」。一種用以放置家中盆栽的裝飾性容器。

印花布（calico） 平、粗織的棉布，原產印度。

卡拉拉（Carrara） 塔斯卡尼的一個城鎮，因產白灰石紋大理石而享有盛名。

漩渦花飾（cartouche） 帶有刻文或象徵性花紋的鑲板，常出現在視覺幻象的藝術品中。

女形柱（caryatid） 女性的全身或半身雕像，通常用於支撐天花板或是下楣、上楣，以及門或火爐上的雕帶。

城堡（castellation） 類似城堡的圍牆，包括鋸壁和角樓。

城堡

提吊式香爐（censer） 教會儀式的香料容器，以炭火焚燒。

塞尚（Cézanne, Paul；1839-1906） 法國頂尖的後印象派畫家，作品特色是以濃郁的色調，小心繪製灌木質地。

氟氯碳化物（CFC） 氟氯碳化合物的縮寫，一種有害環境的物質，用於某些大量製造的噴霧劑。

薄棉布（cheesecloth） 織法稀鬆的一種棉布，以前用於包裹乳酪。

山形圖案（chevrons） 通常是鋸齒形的線條，常用於中世紀的臂章圖案上。

中國熱（Chinoiserie） 流行於17-18

世紀的西歐裝置藝術用語，此風格結合當時歐洲與東方的人物圖形。

印花棉布（chintz） 織法緊密、重量中等的棉布，通常上有亮光劑且印有花紋圖案，背景圖案簡單。

鑿形頭（chisel head） 裝潢刷的刷毛形狀經使用後變成兩側歪斜，也因此提升功能。

淡色木頭（*clair bois*） 字面意思是「淺色木頭」。一種模仿淺色木頭磨光效果的粉刷法。

古典風（Classical） 以古希臘、羅馬圖案爲主題的建築或裝潢。

克立弗（Cliff, Clarice；1899-1972） 英國陶藝家，曾參與裝飾風運動。

淡彩粉刷（colourwashing） 簡單的水性塗料粉刷技巧，藉由塗刷數層薄塗料，以製造柔和質地和不勻稱的效果。

組合鍍金（combination gilding） 結合兩種以上的鍍金方法，以兩種技術做出讓人誤以爲只用一種比較精巧的技術做成的效果。

耙梳法（combing） 以裝潢梳的梳齒刮過釉料層的技術。

互補色（complementary colours） 色盤上位於相對位置的兩種顏色。三原色（紅、黃、藍）的互補色由混合其他兩種顏色而得。

混合物（composition） 松脂、膠水和白堊粉混合成的糊狀物，用以製造鑄物。

庫柏（Cooper, Susie；生於1902） 20和30年代的英籍陶藝家。

枕樑（corbel） 凸出的建築托座，用於支撐上楣或橫樑。

上楣，飛簷（cornice） 牆壁上端向外凸出的物件，或用於封住牆面和天花板連結處的鑄物。

裂紋漆（crackeglaze） 參見龜裂效果（*craquelure*）。

龜裂效果（*craquelure*） 18世紀法國發展出的一種裝飾性塗刷效果，目的是模仿東方漆器與陶器上的精美裂紋。

奶色陶器（creamware） 具有濃郁奶色的陶器。

護牆板（dado） 牆面的下半部，介於護牆線和地板中間。

護牆線（dado rail） 水平凸出於牆面的壁帶，通常在腰部高度，隔開護牆板和牆面的上半部。

花緞（damask） 具有華麗織紋的絲綢或麻布。

紙雕（*découpage*） 以剪紙圖案裝飾牆面和物件的方法，

台夫特陶器（Delfware） 產自荷蘭氧化錫釉料陶器，通常是藍、白組合成的顏色。

羅比亞陶器（Della Robbia） 15世紀文藝復興時的佛羅倫斯雕刻家族，習慣以上釉的陶器裝飾雕刻物，宗教性主題常以花環作鑲邊。

齒狀裝飾（dentil） 裝飾物件；由等距的長方塊串連而成，通常放在古典式飛簷的下面。

色膠（distemper） 水和顏料混合而成的塗料種類，以酪蛋白、膠水或雞蛋作爲結合劑，大量運用於乳膠漆出現前。

破損（distressing） 在新製物上以人工仿製磨損效果，以製造老舊的外觀。

拖刷（dragging） 在濕的釉料或色膠上拖拉長毛刷子，以在牆面或家具上製造細緻的紋路。

乾掃（dry-brushing） 刷毛上塗料相當少的一種粉刷技巧，用以製造塊斑效果，或潤飾有紋理表面的重點部位。

乾燥劑（dryers） 裝潢材料中添加的化學物，爲加快乾化速度。

土色系（earth colours） 氧化顏料如生赭褐色，由土中挖出的黏土和礦物精練而成。有粉狀和液態形式，色澤自然不退流行，適合用於染色、暗色和仿古。

烏木化（ebonized） 以顏色處理成類似黑檀木的樣子。

卵錨飾（egg-and-dart pattern） 圖案，常見於雕刻建築壁帶，包括綴有箭矢圖案的一排卵形。

皇家風（Empire） 一種雄偉的法式風格，風格混合古典、埃及和拿破崙意象。

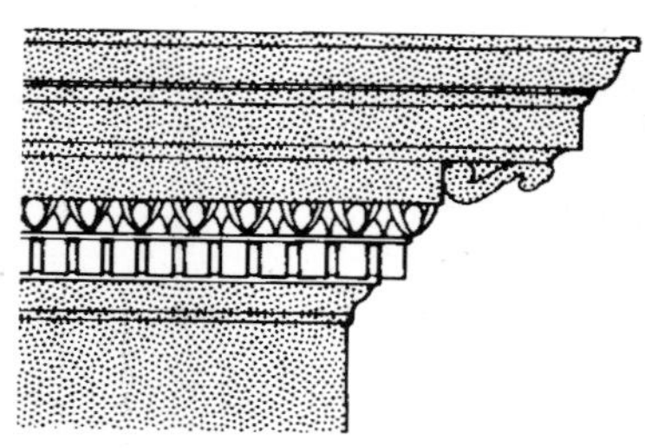

上有卵錨飾壁帶，
下有齒狀壁帶的飛簷

法安撒彩陶（faience） 歐洲裝飾風的氧化錫陶器。

偽造效果（*faux* effects） 字面意思是「假的」效果。用以模仿其他材料的粉刷法，如大理石（仿大理石）或木頭（仿木）。

箍環（ferrule） 刷子上的金屬環，用以包緊刷毛，強化刷把。

細絲工藝（filigree） 細緻的配件或窗框，常以金銀細線製成。

尖頂飾（finial） 凸式配件的頂端，常是尖塔或飾瓶的形態，如冠形建物或家具。

茸尾刷毛（flagged bristles） 豬毛的尾端通常有分岔。有「茸尾」的刷子粉刷效果較好。

鳶尾圖案（*fleur-de-lys*） 舊式的法國圖案，常用的是鳶尾花或百合花的花樣。

小污點（fly-spotting） 在表面上潑灑塗料、釉彩、清漆或墨水製造出的效果，目的在傳達老舊感。

化石紋大理石（fossilstone marble） 一種大理石，其斑斕石紋是模仿動植物化石而成的效果。

法式光澤法（French polishing） 在木面上以法式光澤漆做出相當光亮平滑的效果。

壁畫（fresco） 持久性畫作，常見於牆壁和天花板，水彩直接繪於潮濕的灰泥面而成；此技術在義大利文藝復興時達巔峰。

雕帶（frieze） 寬版水平帶子，位於牆面較高處，不同於鏤花、畫作、壁紙或灰泥品的裝飾物。

鍍金（gilding） 用金箔或金漆將表面處理成金色的方法。

吉爾（Gill, Eric；1882-1940） 英國雕刻、雕版和印刷家。

條紋或方格織品（gingham） 方格或條紋織品，通常用兩種不同顏色的紗線織成。

歌德式（Gothic） 建築風格，源於12世紀的法國，廣受西歐採納，直到文藝復興的古典風興起爲止。

歌德式拱形（Gothic arch） 尖頂拱形，中世紀歌德建築的特色。

歌德復興式（Gothic Revival） 19世紀中期的魁梧歌德式風格，特色是陰沉、眞實和中世紀壯觀的展露。

濃歌德式（Gothick） 18世紀初葉及中葉時的裝潢風格，強調中世紀歌德式的華麗元素，並將之融入當代背景（譯注：Gothick無中文譯名，因字義爲濃烈或濃厚的歌德風格，故譯作濃歌德式）。

塑膠水彩顏料（gouache） 不透明水彩顏料，此顏料的結合劑是膠水或阿拉伯膠。

灰色裝飾法（*grisaille*） 支配黑白陰影畫出代表明暗區域所製造出的視覺幻象，使得平坦面看似三度空間的物件或建築物件。

格魯比歐斯（Gropius, Walter；1883-1969） 德國建築師，1919-1928年間的包豪斯建築學校校長。

灰泥膠泥（gypsum plaster） 用於內牆的標準灰泥，可用於補牆和製造鑄物。

半色調（half tone） 介於白色和另一顏色中間的色調。

麻布（hemp scrim） 疏織織品，以麻纖維織成。

包裝布（hessian） 平實粗糙的織物，以粗纖維織成，通常用於製作家飾帆布。

圖像（icon） 拜占庭式的油畫，有一定的成套宗教畫像，畫於木頭鑲板上。

鑲嵌（inlay） 裝潢方式，以彩色木頭、金屬或眞珠母等材料，塡滿形成圖案的凹洞。

康丁斯基（Kandinsky, Wassily；1886-1944） 俄裔表現主義畫家，抽象派先驅。任教於包豪斯建築學校，直到該校關閉。

凱林（kelim） 平織掛毯、地毯，以用色鮮豔和構圖大膽出名。

克利（Klee, Paul；1879-1940） 瑞士畫家兼版刻家，作品融合實相與抽象。

漆器（lacquerwork） 爲得到動人且極爲光亮的表面而塗上漆料的東方飾品。

拉利克（Lalique, René；1860-1945） 法籍設計師與工藝家，因他的新藝術風格玻璃作品而聞名。

蘭西爾（Landseer, Sir Edwin Henry） 英國寫實主義畫家，以動物風景畫而聞名。

蘭利（Langley, Batty；1697-1751） 建築師、家具設計師和作家，濃歌德式的尖形拱和玫瑰花飾因他重新崛起。

青金石（lapis lazuli） 藍色礦物，用作寶石原石或顏料，顏料名爲佛青色。

稀石灰（limewash） 消石灰和水的混合物，以前用於外牆塗白。又稱白色稀塗料。

上石灰（liming） 在裸木上塗抹石灰蠟，以使白色顏料留於木紋中的粉刷法，可做出柔和效果。

油氈紙（lincrusta） 19世紀取得專利的一種塑膠鑄物。

摺麻布鑲板（linenfold paneling） 一種鑲板，專爲模仿布品摺疊成的花樣而設計的鑄樣或雕刻。

紙織家具（Lloyd Loom furniture） 以機器手紡的細織家具（多是椅製品），取得此項專利的是美國人洛伊德（Marshall Lloyd）。

淺浮雕（low relief） 與淺浮雕（bas-relief）同義。

麥金塔許（Mackintosh, Charles Rennie; 1868-1928） 蘇格蘭人，集藝術家、建築師、家具設計師於一身，新藝術運動之支持者。

馬加利卡陶器（majolica） 陶器的一種風格，塗有濃厚的彩色白釉。

仿大理石（marbling） 專爲複製大理石而設計的各類粉刷法。

鑲嵌工藝（marquetry） 鑲有奇異的木頭，骨頭，金屬或象牙的裝飾性設備。

遮蔽物（mask） 切割而得的紙形，用於覆蓋表面以免塗到塗料。

假型板（matchboarding） 覆蓋物的一種，長木板以雌雄榫接合而成。

馬雅風（Mayan） 源於美洲古印第安文明的一種藝術與建築風格。

死之象徵（*memeto mori*） 拉丁語，「人都會死」：提醒人類必定死亡的一種象徵物。

乳塗料（milk paint） 舊塗料，曾用於漆塗家具，主要的成分是牛奶蛋白質。

人字接頭，斜榫接（mitre joint） 銜接於兩長形材料的直角接合處，最常見於木材上，銜接緣傾斜成45度的角。

現代主義（Modernism） 20世紀初葉發展出的美術與應用美術風格，否決傳統手法，傾向更工業、無裝飾性手法。

摩爾風格（Moorish） 與摩爾人相關的藝術、建築和文化。第8世紀時摩爾人掌控北非和西班牙南部。

莫里斯（Morris, William；1834-1896）英國重要的設計家、畫家和詩人，裝置藝術的倡導者。工藝運動的領導者，對前拉斐爾派的影響極巨。

馬賽克（mosaic） 以小石頭、大理石或玻璃鑲嵌而成的裝飾性圖案。

細薄棉布（muslin） 織法細緻的棉織品，用作窗簾、掛飾。

鬆緊織布（mutton cloth） 織法變換的棉布（又稱正反織布）。

新古典主義（neo-Classical） 與18世紀的歐洲運動有關，受到古典建築風的啓發，特色是比例和諧。

新包豪斯（New Bauhaus） 包豪斯學校1933年被納粹關閉後，位於芝加哥的設計學校。

方尖石碑（obelisk） 方形或長方形石碑，頂端逐漸變尖如金字塔。

劇院牆燈（Odeon wall lamp） 裝飾風貝形玻璃燈，曾用於裝飾英國奧登（Odeon）劇院。

雙彎線（ogee） 裝飾性的S形曲線鑄物。

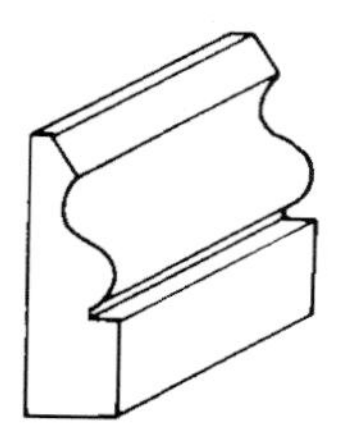
有雙彎線的鑄物橫截面

尖形拱（ogive arch） 歌德式特有的拱形，兩邊呈S形尖拱；在18世紀的濃歌德式設計中很受歡迎。

花紋瑪瑙（onyx） 裝飾用的大理石紋石頭。

東方通（Orientalist） 維多利亞設計與藝術運動中，喜愛東方設計與圖像的一派。

鍍金物（ormolu） 合金金屬飾物，工業鍍金物。

鑲板鑄物（panel moulding） 小型平面鑄物，用於嵌入或增加高度。

混凝紙（*papier-mâché*） 一層層用漿糊混合的紙或紙漿，乾後形成質輕且堅硬的物質。

拼花地板（parquetry） 嵌鑲地板的一種，木板拼成幾何圖形。

銅銹（patina） 材料因老化侵蝕於表面產生的紋理和顏色。

裝飾布（pelmet） 用來遮蓋窗簾吊桿或百葉窗吊桿的東西。

漂白（pickled） 另一個形容塗過石灰的木頭的辭彙。

掛畫嵌線（picture rail） 置於四面牆上半部的鑄物，可用於釘掛鉤掛相片。

瑟琳娜石（*pietra serena*） 一種常見於文藝復興時期佛羅倫斯建築上的石頭。

半露方柱（pilaster） 柱子上淺淺露出的長方形區域，可爲牆面添加裝飾味。

皮拉內西（Piranesi, Giovanni Battista; 1720-1778） 義大利設計、版畫和建築師，經典作品包括一組《古羅馬》版畫（*Le antichitá Romane*）。

斑岩（porphyry） 帶紫岩石，嵌有長石晶體，可以潑灑粉刷法仿製。

柱廊，門廊（portico） 有列柱或斗拱支撐的建築物出入口。

後印象派藝術家（post-impressionist）特指印象派之後，19世紀法國的某些藝術家。

前拉斐爾派兄弟會（Pre-Raphaelite brotherhood） 19世紀中葉的英國藝術家組織，嘗試把拉斐爾之前的繪畫宗教熱誠，帶入偏向象徵性及文學性的作品裡。

原色（primary colours） 色彩方面的用詞，指紅、黃、藍三色，所有顏色皆可用這三種顏色調成。

隅石（Quoin-stone） 建物牆上勾勒出外角的石頭。

布紋法（ragging） 利用破布做出破色效果的粉刷方法。

樂燒（*Raku*） 日本陶器，首見於15世紀。

藤器（rattan） 以材料來命名的藤製品。

攝政時期風格（Regency） 英國的裝飾風格，廣受當時的歐陸風格影響，盛行於19世紀初。

洛可可風（Rococo） 18世紀早期，流行於歐洲的華麗裝飾風格，特色爲扇貝曲線、精巧渦形裝飾和粉調色彩。

農村風（Rustic） 無趣的18世紀裝飾風格，用於戶外粗製家具和室內灰泥製品。

鹽釉（saltglaze） 有點凹痕的釉料，燒製粗陶器時將鹽巴撒入燒窯中。

血紅色（sanguine） 紅色白堊粉，含氧化鐵，用於繪畫。

緞木（satinwood） 昂貴硬質淡木，木紋如緞。

凸出的燭台（sconce） 固定於牆上的托架，用於放置燭台或燈具。

稀石灰刮刷法（scrubbed limewash）使牆壁看似刮洗過稀石灰的方法，以前用於外牆。

蛇紋大理石（serpentine marble） 深綠或褐色石紋的大理石。

塞夫爾瓷器（Sèvres porcelain） 法國塞夫爾出產的瓷器，帶領歐洲1760-1815年的瓷器潮流。

鯊皮（shagreen） 魚類皮膚乾燥後製成的材料；用於鑲嵌。

震教徒（Shaker） 美國一宗教派別的名稱，1747年成立。名稱源自該教祭神時的興奮狀態。他們的家具設計以功能爲主，無飾物。

蟲膠漆上光（shellac varnishing） 法式光澤法的高難度姊妹技巧。

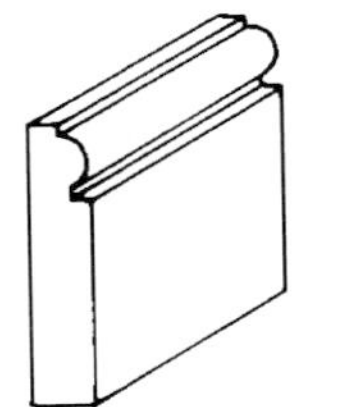

踢腳板上的半圓線腳

西恩那大理石（Siena marble） 黃色大理石，具有石紋，原產於塔斯卡尼的西恩那市。

濃黃土（sienna） 黃褐色顏料。原字是西恩那市的變體字。

瓊麻（sisal） 韌勁纖維，用於製造地板和繩索。

索恩（Soane, Sir John；1753-1837） 英國建築師，室內裝飾手法受羅馬和拜占庭風的影響。

潑灑（spattering） 粉刷方法，刷子沾塗料、墨水、釉料或清漆，而後經由敲擊使彩色塗料點潑表面。

色譜（spectrum colours） 光線分裂成構成分子，所形成的各種顏色。

海綿陶（spongeware） 彩飾陶器，運用海綿上色以做出斑點效果。

海綿粉刷法（sponging） 利用濕海綿製造朦朧斑斕效果的粉刷法。

鏤花模板（stencil card） 強韌的油浸馬尼拉紙板或厚白紙，可切割成鏤花。

鏤花（stenciling） 裝潢方法，塗料透過切割圖案塗抹於表面，以製造圖案花樣。

點畫法（stippling） 以點畫刷或硬毛刷在表面製造完美斑紋或處理紋路的粉刷法。

刷毛座（stock） 刷柄最寬的部分。

灰泥（stucco） 精緻灰泥，用於覆蓋外部砌磚，或裝飾內部牆壁和天花板。

糖肥皂（sugarsoap） 鹼性肥皂，用於清洗或剝除塗料。

垂花（swag） 垂花花樣，通常是連串重複的布繩或葉子、花朵或水果

色卡（swatch） 作爲樣本的一小塊材料或卡片。

模板（template） 以紙或紙板製成的形狀，作爲剪裁其他材料的固定模型。

赤陶（*terracotta*） 字面意思是「燒土」。優質的素燒黏土。

綠土色（*terra verde*） 土的顏色：義大利文意思是綠色的土。

條紋布（ticking） 強韌的棉布，有明顯的條紋圖案。

窗簾繩（tie back） 緞帶、麻繩或金屬托架，用以將窗簾布固定在窗子兩邊。

雌雄榫（tongue-and-groove） 以雌雄榫所做出的兩塊木板接合處，雄榫凸出，雌榫凹入，雄榫可放入雌榫中。

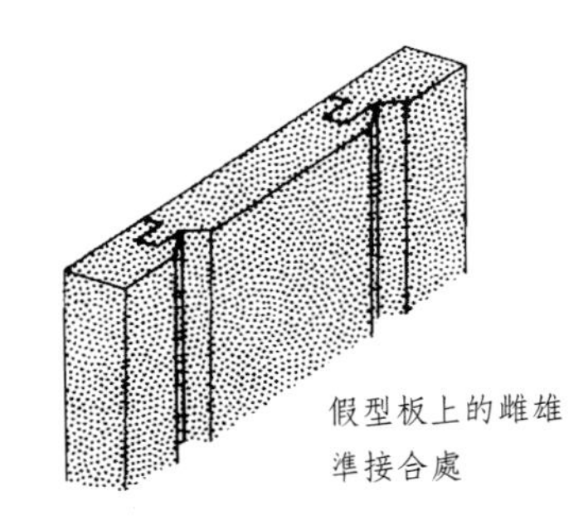

假型板上的雌雄準接合處

半圓線腳（torus） 凸狀鑄物，橫截面是半圓形，常見於踢腳板、壁帶、串珠帶、和古典圓柱的柱底。

三葉拱（trefoil arch） 一種裝飾拱，三個拱狀物組成一圓，出自歌德式建築。

視覺幻象法（*trompe l'oeil*） 任何欺騙視覺的光學幻象法，例如灰色裝飾法。

投射燈（uplighter） 附著於牆面的壁燈，燈光向上投射到牆面較高處和天花板。

銅綠（verdigris） 銅、黃銅和青銅經自然腐蝕而生的綠色。

維多利亞折衷主義者（Victorian Eclectic） 相信藝術和室內裝潢應該結合不同風格之人。

藤蔓花飾（vignette） 沒有框的小插圖。

弗伊斯（Voysey, Charles Francis；1857-1941） 英國設計家，受莫里斯影響，但風格較活潑。

壁板（wainscoting） 覆蓋牆面較低處的鑲板，通常是木製鑲板。

稀塗料（wash） 稀釋的自製塗料或是稀釋的專利塗料，如乳膠漆。通常稱爲淡彩稀塗料，因爲都是在稀石灰裡加入彩色。

白色稀塗料（whitewash） 參見稀石灰（limewash）。

藤製品（wickerwork） 以細長有彈性的樹枝織成的製品。

窗框（window casement） 頂部或底部有鉸鏈的帶框窗子。

木磚（woodblock） 切割出圖案的木塊，用以將圖案印到牆上或家具上。

仿木紋（woodgraining） 模仿各類木頭天然紋理的粉刷方法。

萊特（Wright, Frank Lloyd；1867-1959） 美國建築師和家具設計者，啓發對於形狀的活力和稜角的現代品味。

亞述古廟塔（ziggurat） 建築上的金字塔形風格，有城堡邊，廣受裝飾風喜愛。

中文索引

十四畫

十五畫

英文索引

H ~ J

K ~ L

M

N

國家圖書館出版品預行編目資料

歐風室內設計學習百科 / 麥克勞德（Kevin McCloud）著；陳系貞翻譯.-- 初版.-- 臺北市：貓頭鷹出版：家庭傳媒發行, 2004〔民93〕

面； 公分 . --（新生活圖鑑 ：17）

含索引

譯自：Techniques of decorating

ISBN 986-7415-21-3（精裝）

1. 室內裝飾

967 93020442